겨울 정원

일러두기

이 책에 나오는 식물 이름은 다음의 표기 원칙을 따랐다. 재배식물의 학명은 세계적으로 가장 권위 있는 영국왕립원예협회(RHS)의 'Plant Finder(2024~2025)'를 참조했으며 우리나라 자생식물의 학명은 국립수목원에서 제공하는 '국가표준식물목록(2025년)'을 기준으로 했다. 모든 국명은 국가표준식물목록을 기준으로 하되, 간혹 매끄럽지 않은 국명은 필자의 추천명으로 대체했다.

예시:

* ***Narcissus* 'Tête-á-Tête'** (국가표준식물목록) 수선화 '테이트어테이트' ⋯→ (저자 추천명) 수선화 '떼따떼뜨'
  라틴어로만 표기해야 하는 종소명과 달리 품종명의 경우 다양한 언어로 이름 붙일 수 있는데, 이때 발음은 원어에 맞게 표기하는 것이 합당하다고 판단. 'Tête-á-Tête'는 본래 '마주앉아서'라는 뜻의 프랑스어이므로 원 발음인 '떼따떼뜨'로 썼다.
* ***Viburnum davidii*** (국가표준식물목록) 비브르눔 다비디 ⋯→ (저자 추천명) 다비디분꽃나무
  라틴어를 그대로 풀어 읽은 비브르눔 다비디라는 이름은 부르기도 어렵고 특히 일반 독자들이 이해하기에 너무 난해하다. 그래서 Viburnum속(屬)에 속한 식물 중 특징이 가장 비슷한 것이 분꽃나무라 생각해 '다비디분꽃나무'라고 표기했다.
* ***Lindera glauca* var. *salicifolia*** (국가표준식물목록) 없음 ⋯→ (저자 추천명) 뇌성목
  감태나무(*Lindera glauca*)의 아종인 뇌성목(*Lindera glauca* var. *salicifolia*)은 현재 국가표준식물목록에서 정명으로 인정하지 않는다. 하지만 잎이 버들잎처럼 좁은 원예적 형질이 선명하고 서로 다른 식물로 유통하고 있어, 부득이 두 식물을 구분하기 위해 책에서는 뇌성목이라는 명칭을 사용했다.

겨울정원

겨울에 아름다운 정원이
사계절 아름답다

글·사진 김장훈

추 천 사

"겨울정원의 진수를 잘 담은 책. 선과 여백의 시간인 겨울에는 시들고 앙상한 것처럼 보잘 것 없는 것들도 정원의 주인공이 될 수 있음을, 무엇보다 이런 것들이 땅과 하늘을 더욱 신비롭게 할 수 있음을 알린 데 큰 의미가 있다."

김봉찬_더가든 대표

"천천히, 그러나 분명히 변화해 온 겨울정원의 흐름을 섬세히 담아낸 책. 《겨울정원》은 우리 정원 문화의 소중한 이정표입니다."

김건호_천리포수목원장

"봄의 기운을 가진 정원사가 쓰는 겨울 이야기. 눈에 보이는 것만 좇는 얄팍한 정원 유행 속에, 김장훈은 겨울이라는 창을 통해 우리에게 결핍된 것을 되돌아보게 한다. 화려함이 사라진 자리에 비로소 보이는 것들, 겨울만이 허락하는 무한한 가능성과 상상력이 아름다운 책 갈피마다 배어있다."

김아연_서울시립대학교 조경학과 교수

김장훈의 《겨울정원》은 멈춘 듯 고요하게 호흡하는 겨울부터 가장 화려하고 역동적인 겨울까지, 다채로운 모습을 담고 있다. 단순히 정원을 묘사하는 데 그치지 않고, 식물의 본질적인 형태가 겨울이라는 계절 속에서 어떤 변화와 아름다움으로 다가오는지 느끼게 한다. 정원의 내면을 볼 수 있는 심미안을 기르고 싶다면 꼭 읽어야 할 필독서이다.

남수환_국립정원문화원 정원문화실장

"겨울정원의 아름다움에 눈 뜨게 해준 책. 인생을 닮은 정원의 변화에서 겸허함을 배웁니다."

김선미_동아일보 기자, 《정원의 위로》 저자

"이 책은 식물이 모든 것을 내려놓고 숨죽이고 있는 겨울에도 여전히 '살아있는' 생명에, 식물의 미래를 보듬고 있는 땅에 주목하게 한다. 정원사란 그렇게 꽃과 잎이 사라져도 식물의 '온 삶'을 끈기 있게 바라보고 아름다움을 발견하는 사람이라고 말한다. 주목받지 못했던 겨울정원의 아름다움과 가치를 일찍 사람들에게 알린 선구적인 책이다."

전은정_목수책방 대표

"정원을 바라보는 시각을 넓혀주는 책. 정원처럼 시간이 갈수록 깊어지는 김장훈의 시선."

현재성_제주KBS PD, 다큐멘터리 <지구정원사> 연출

"8년 전 김장훈 정원사가 쓴 책을 통해 '겨울정원'이라는 단어를 처음 접했다. 정원을 가꾸는 사람의 입장에서도 매우 신선하고 매력적인 개념이었으며, 그 영향으로 정원의 영역을 봄, 여름, 가을에서 겨울까지 넓히고자 노력하고 있다. '좋은 정원에는 그 계절이 보여주는 아름다움이 오롯이 담겨야 한다'는 김장훈의 글은 사계절 아름다운 정원을 가꾸고자 하는 나의 모토가 되었다."

김재용_세븐시즌스 대표

"정원을 소유한다는 것은 나의 세계를 갖는 일이다. 겨울정원까지 알게 되면 사계절이 외롭지 않다. 겨울날의 정원은 얼핏 나체 같다. 하지만 가만히 들여다보면 이 계절에만 느낄 수 있는 풍요로움이 있고, 꽃 피는 다른 계절보다 우아하다. 그것을 깨닫는 데 내겐 이 책 한 권이면 충분했다. 정원사를 철학자로 만드는 계절, 겨울의 아름다움을 고스란히 담은 이 책을 읽다보면 눈시울이 뜨거워지는 순간이 있다. 내게 무인도에 가져갈 책 한 권을 꼽으라면, 《겨울정원》을 고를 것이다."

윤민혁_살바토레정원 대표

"정원겨울은 신체를 구성하는 뼈와 같다. 정원을 구성하는 본질이며 아름다움의 전제가 되는 골격이 숨김없이 드러나기에, 이 계절을 고려한 디자인이 정원사에게는 필수적이다. 이 책이 안내자가 되어줄 것이다."

이대길_이대길스튜디오 대표

"좋아하는 겨울 숲을 거닐다 발견한, 낙엽 진 빈 가지에 달린 열매처럼 빛나는 책. 자연을 사랑하고 정원을 즐기는 사람들, 그리고 자기만의 정원을 가꾸는 이들에게 추천합니다."

박소현_그루앳홈 대표

"겨울이면 대부분의 식물이 죽어버리는 걸로 오해하는 도시인들에게 겨울의 아름다움을 주제로 한 정원도 있다는 걸 알려주면 그들의 눈빛에 금세 희망이 떠오른다. 이 책은 정원에 관한 것 이전에, 도시인이 잃어버린 4분의 1의 시간에 관한 것이기도 하다."

이가영_서울가드닝클럽 대표

목 차

추천사 4
개정판을 내며_겨울정원의 진화를 바라봅니다 10
초판 서문_겨울에 시작하는 정원 이야기 26

제 1 부 겨울정원

겨울을 정원에 담다 30
겨울 숲은 살아있다 34
영국의 윈터가든 40
겨울정원을 디자인하는 법 50

제 2 부 겨울나무에서만 볼 수 있는 것들

수형: 겨울날 드러나는 나무의 진면목 64
줄기: 시간을 새긴 나무의 맨얼굴 76
어린가지: 겨울정원에 색채를 더하다 86
열매: 온기를 품은 겨울나무의 꽃 96

제 3 부 갈색을 사랑하라

마른 풀: 갈색은 겨울 색이다   108
마른 그라스: 갈색 정원을 디자인하는 키 플레이어   120
마른 나뭇잎: 마지막 잎새까지 정원에 담다   132

제 4 부 '늘 푸른' 것들의 소중함

상록침엽수: 겨울에 더욱 빛나는 푸르름의 가치   144
상록성 풀: 사라지지 않은 녹색을 찾아서   156
상록활엽수: 변하지 않는 것에 대한 짧은 사색   168

제 5 부 봄이 오는 소리를 듣다

겨울에 꽃피는 구근: 겨울과 봄 사이를 잇는 정원의 마법사   182
겨울에 꽃피는 나무: 추울수록 더욱 진한 향기를 품는다   194
겨울 풀꽃: 정원의 봄은 어디로부터 올까   206

제 6 부 한국형 겨울정원을 꿈꾸며

천리포수목원 윈터가든에 가다   218

부 록 겨울정원에 어울리는 식물 목록

수형이 아름다운 나무	247
줄기가 아름다운 나무	251
어린가지가 아름다운 나무	258
겨울 열매가 아름다운 나무	265
마른 모습이 아름다운 풀	271
마른 모습이 아름다운 그라스	278
마른 모습이 아름다운 나무	285
겨우내 잎이 지지 않는 나무	287
겨울정원에 심기 좋은 상록성 풀	288
겨울정원에 심기 좋은 상록침엽수	297
겨울정원에 심기 좋은 상록활엽수	303
이른 봄에 꽃피는 구근	310
겨울에 꽃피는 나무	315
아름다운 겨울 풀꽃	322

[표] 겨울정원을 위한 식물 검색표	325
학명으로 찾아보기	344
국명으로 찾아보기	350
참고 문헌	357
감사의 글	358

개정판을 내며

겨울정원의 진화를 바라봅니다

《겨울정원》 책이 출간되고 벌써 여덟 번의 겨울이 지났다. 책이 나온 뒤 겨울을 더 깊이 바라보는 습관을 갖게 되었다. 그리고 그 사이, 겨울정원에 대한 생각과 흐름에도 많은 변화가 일어나고 있음을 느낀다. 무엇보다도 사람들이 겨울정원을 보는 시선이 달라지고 있다. 그 변화는 정원의 형태와 해석에도 차츰 스며들고 있다.

'겨울정원'이라는 개념은 사실 그리 오래되지 않았다. 겨울에도 야외에서 정원을 즐길 수 있다는 발상이 나온 지 겨우 백여 년, 윈터가든(winter garden)이라는 이름의 주제정원이 영국에서 처음 등장한 것이 불과 50~60년 전이다. 그리고 '영국 윈터가든'이라고 하면 익숙하게 떠올리는 겨울용 장식정원의 형식이 하나의 전시 스타일로 정립된 것도 고작 30~40년 남짓 된 일이다.

겨울이라는 계절의
본질을 담는 일

　겨울정원을 주제로 강의를 할 때면 종종 영국 윈터가든의 역사를 소개하며 느낀 점 두 가지를 이야기한다. 하나는 새로운 주제정원 형식이 자리 잡기까지는 오랜 시간이 걸린다는 점이다. 이런 형식의 정원도 가능하다는 가능성을 처음 발견하고, 저변이 넓어지고, 적합한 식물을 발굴하고, 디자인 실험과 시행착오의 경험이 충분히 축적된 끝에야 하나의 정원이 만들어진다. 성미 급한 정원사들이 금방이라도 우리도 근사한 겨울정원을 만들 수 있을 거라 생각하고 외국의 사례를 성급히 외관부터 모방하려 들기도 하지만, 그렇게 해서 좋

영국 하이드홀정원의 윈터가든.
'모든 것이 부식되어 흙으로 돌아가는 계절'의
모습을 표현하고 있다. (사진 제공: 박소현)

은 결과를 얻기는 어렵다. 그래서 늘 '오랜 시행착오 끝에 자리 잡은 정원 형식을 겉모습만 단번에 흉내 내려고 하기보다 그 과정과 시간의 의미를 함께 기억했으면 한다'고 이야기한다. 시행착오의 경험은 매우 중요하다. 오랜 기간 사회적 경험으로 두루 공유되고 쌓이면서 정원은 한 발짝씩 발전한다.

또 하나는, 지금 유행하는 영국식 윈터가든의 모습도 머지않아 다르게 변화할 것이라는 점이다. 그 역사를 들여다보며, 자연스레 '지금껏 변해왔던 것처럼 10년 후 영국 윈터가든은 지금의 모습이 아닐 것'이라는 생각을 했었다. 혼자서만 속으로 생각했는데, 얼마 되지 않아 변화들이 실제로 일어나서 놀라웠다. 영국 하이드홀정원의 윈터가든이 그랬다.

2018년에 문을 연 이곳은 영국 윈터가든 중 비교적 최근에 만들어진 사례로, 기존에 있던 윈터가든들과는 첫 인상부터가 달랐다. 기존의 윈터가든이 겨울철에 돋보이는 식물의 색상을 활용해 알록달록하게 채우는 데 집중한 것과 달리, 이 정원은 갈색으로 마른 풀들과 빈 나뭇가지들이 주를 이루고 있어 색채와 느낌이 다르다. 정원 조성을 지휘한 앤드류 헬먼(Andrew Hellman) 정원사는 '모든 것이 부식되어 흙으로 돌아가는 계절, 겨울'을 표현하고 싶었다고 말한다. 정원 입구에서부터 산책로를 따라 일정한 간격으로 놓여 반복해서 만나게 되는 대형 나뭇잎 조각 시리즈가 그 의미를 상징적으로 담고 있는데, 처음에는 완전한 모습이었다가 조금씩 부식되어 맨 마지막에는 잎맥만 앙상히 남은 모습이 된다.

영국의 유명한 정원 잡지〈하우스 앤 가든〉의 편집장 클레어 포스터(Clare Foster)가 2021년에 펴낸 책《겨울정원(Winter Gardens)》역시 같은 흐름을 보여준다. 화려한 색의 나열 대신 '부식되는 것의 아름다움' '골격과 구조' '수줍게 피어나는 꽃'을 이야기하며 겨울이라는 계절의 본질을 담담히 바라본다.

두 흐름 모두 겨울정원은 단순히 '겨울에도 화사하게 즐길 수 있는 정원'이 아니라 '겨울이라는 계절의 본질을 담아내는 정원'으로 확장되고 있음을 보여준다. 이런 변화가 얼마나 큰 반향을 일으킬지는 아직 알 수 없다. 그러나 분명한 것은 사람들이 겨울을 보는 눈이 조금씩 달라지고 있다는 사실이다. 사라짐과 비움 속에서도 아름다움을 읽어내는 이들이 늘어나고 있다. 그것은 영국뿐 아니라 우리나라에서도 마찬가지다. 정원은 결국 자연을 바라보는 우리의 마음이 투영된 풍경이니까. 시선이 바뀌면 정원도 달라진다.

한국형
　겨울정원의 탄생

우리나라에서도 이러한 변화를 확인할 수 있다. 8년 전《겨울정원》을 처음 소개했을 때만 해도, 관심은 컸지만 공감을 충분히 얻지 못했다. 특히 갈색으로 마른 풀들의 모습을 겨울 경관의 한 요소로 보고, 더 나아가 '갈색이야말로 겨울

제주도 서귀포에 있는
베케 정원의 겨울 풍경.

베케 정원의 빗물정원. 무심히 쌓아놓은 돌담 '베케' 위로 자란 이끼를 연장해 길러 만든 생태 정원이다.

의 기본 색상'이라고 말했을 때는 많은 이들이 쉽게 동의하지 않았다. 실제로 도심에서 마른 그라스나 수피가 아름다운 나무들을 활용해 겨울 경관을 연출해도 시민들에게 외면 당하거나 싸늘한 반응을 얻는 경우가 적지 않았다. 하지만 지금은 상황이 많이 달라졌다. 화려하지 않아도 담백하고 편안한, 겨울이라는 계절이 지닌 고유의 아름다움을 이해하고 즐기는 정원 애호가들이 점차 늘고 있다. 또한 겨울의 미감을 정원에 온전히 담아낸 좋은 사례들도 하나둘 생겨나고 있다.

제주도 서귀포에 위치한 생태 정원인 베케는 갈색과 푸르름이 공존하는 지역 특유의 겨울 색감과 정취를 오롯이 잘 담아낸 좋은 사례다. 무심히 쌓아놓은 돌담 '베케' 위로 자란 이끼를 연장해 길러 만든 빗물정원은, 겨울철 오묘한 형광빛으로 단풍 든 이끼와 오목한 지형이 어우러져 독특하고도 편안한 풍경을 보여준다. 뒤편의 재배정원에서는 초록과 갈색의 풀들을 배경으로 자작나무, 말채나무, 복분자딸기 등이 성글게 자리해 영국식 윈터가든과는 다른 담백하고 편안한 겨울정원의 모습을 보여준다.

베케 정원은 새로운 겨울 소재를 적극적으로 소개해 온 곳이기도 하다. 여름에는 모습을 감추었다가 겨울에 싱그럽게 잎을 올리는 암대극, 밝은 갈색으로 변하며 겨우내 정갈한 포기를 유지하는 꼬랑사초, 짙은 초록빛으로 계절의 싱그러움을 이어가는 줄사초 등이 그것이다. 이러한 겨울 소재의 발굴은 단지 겨울의 정원뿐만 아니라 사계절 정원의 풍경을 한

천리포수목원 윈터가든.

층 풍성하게 해준다.

　　충남 태안군 바닷가에 자리한 천리포수목원은 세계적인 식물 수집 정원으로, 겨울용 식물 소재 측면에서도 우리나라에서 가장 다양한 종류를 한 장소에서 경험할 수 있는 곳이다. 겨울에도 온난한 해양성 기후를 띠어 같은 위도의 다른 지역에 비해 다양한 식물이 자란다는 것이 큰 장점이다. 게다가 숙련된 정원사들의 손길이 정원 구석구석 잘 닿아있어 정원 전체가 정갈한 겨울 경관을 보여준다. 특히 2018년 새롭게 단장한 주제정원 윈터가든은 정원의 완성도를 한층 끌어올려 흡사 영국 윈터가든의 색감을 연상시키는 풍경을 선사한다. 오늘날 국내에서 겨울정원을 배우고자 하는 정원사들에게 많은 영감을 주는 장소로 사랑받고 있다.

서해에 인접해 온난한 해양성 기후를 띠는 천리포수목원에서는 국내에서 가장 다양한 겨울 식물을 만날 수 있다.

풍성한 갈색 향연, 사랑 받는 풀의 정원들

비단 이 정원들뿐만 아니라 편안한 겨울 경관을 경험할 수 있는 '갈색 정원'도 점차 늘고 있다. 오늘날 전 세계적으로 확산된 자연주의 초지정원에 대한 관심이 우리나라에도 이어지면서, 숙근초와 그라스가 만들어 내는 다채로운 계절 변화를 이해하고 즐기는 이들이 많아졌다. 이런 식물이 주를 이루는 풀의 정원은 겨울이 되면 담백하면서도 풍요로운 갈색의 향연을 선사한다. 그 수수하고 고요한 갈색의 겨울을 지나면, 다시 생동감 넘치는 계절이 찾아온다. '겨울'이라는 계절에서 비롯된 이 특별한 흐름은 우리에게 모든 계절이 아름다운 정원을 만드는 일이 왜 겨울에서부터 시작되어야 하는지를 보여준다.

겨울이 되면 풍요로운
갈색 향연을 선사하는
풀의 정원들.

정원은 진화한다. 초판을 쓴 이후 여덟 해 동안 목격한 변화는 이런 것이었다. 그 고요한 변화와 흐름이 앞으로 생겨날 겨울정원들에 더 큰 가능성을 열어줄 단초가 되리라 믿는다. 개인적으로도 의미가 깊은 첫 책인《겨울정원》의 개정판 원고를 다듬으며, 이 책이 성장하는 국내 정원 문화 속에서 사계절 아름다운 한국형 정원을 디자인하고 싶은 사람들에게 지속적인 길잡이 역할을 하기를 바라게 된다. 우리 환경과 감각에 맞는 겨울정원을 찾아가는 여정에 이 책이 함께할 수 있기를, 그리고 한국의 정원을 즐기고 사랑하는 사람들에게 더 깊은 관점을 제공하기를 희망한다.

2025년 11월

제주도 담소요 정원의 겨울.

초판 서문

겨울에 시작하는 정원 이야기

이 책은 한 정원사가 겨울날 정원에서만 볼 수 있는 특별한 아름다움을 모아서 엮은 것이다. 책은 크게 두 부분으로 나뉜다. 제1부는 겨울정원이란 무엇인지 이해를 돕는 내용이며, 제2부부터는 겨울정원에서 만날 수 있는 아름다움을 겨울나무, 마른 식물, 상록수, 꽃과 열매 등의 주제별로 나누어 다루었다. 누구라도 공감하며 읽을 수 있도록 겨울정원과 식물, 가드닝에 관한 이야기를 어렵지 않게 풀어썼으며, 마지막 부록에는 겨울정원에 활용하면 좋을 식물 목록을 따로 수록해 궁금한 식물을 자세히 알아볼 수 있도록 했다.

    정원에 관한 이야기이지만 비단 그것이 전부는 아니다. 책에 쓰인 '정원'이라는 단어를 모두 '삶'이라는 단어로 바꾸어도 의미가 생길 것이다. 정원이 있기 이전에 그것을 가꾸고 채우고 교감하며 성장하는 사람이 있었다는 것을 생각하면, 이 책은 누군가의 삶에 관한 이야기일 수도 있다. 또한 어쩌면 겨울을 바라보는 우리의 마음에 관한 이야기이기도 하다. 겨울을 바라보는 마음에 따라 볼 수 있는 풍경도 변한다고, 나는 생각한다.

어느덧 가을의 끝자락이다. 흔히 가드닝은 봄부터 시작해야 한다고 생각하지만 정원사들에겐 늦가을 역시 분주한 시기다. 이때 정원을 잘 정리해 두어야 겨울을 잘 나고 봄을 아름답게 맞을 수 있기 때문이다. 월동이 어려운 식물은 캐서 들여놓고, 마른 식물을 잘라낸 화단에는 부엽토를 두툼히 덮어서 겨울을 날 수 있게 도와주어야 한다. 마른 꽃에서 씨앗을 거두어 내년 봄을 위해 보관해 두고, 봄소식을 제일 먼저 전해줄 구근은 땅이 얼기 전에 심어야 한다. 당장 정원을 아름답게 만들기 위해서가 아니라 몇 달 후 찾아올 봄을 준비하는 일들로 정원사들은 분주해진다.

겨울정원을 가꾸는 일도 이와 비슷하다. 당장 겨울에만 보기 좋게 하려고 정원을 꾸미는 것이 아니다. 겨울 경관이 보기 좋으려면 정원의 기본 골격과 바탕을 탄탄히 다듬어 줘야 하므로, 겨울이 아름다운 정원은 다른 계절에는 훨씬 아름다워진다. 그러므로 사계절 아름다운 정원을 만드는 일은 겨울정원을 가꾸는 데서부터 시작된다고 할 수 있다.

'추운 겨울이 다 가기 전에 마음껏 즐기자.
맑고 흰 눈이 새봄 빛 속에 사라지기 전에.'

이맘때쯤이면 어디선가 흘러나오는 캐럴 가사처럼 겨울이 우리에게 여한 없는 시간이었으면 좋겠다. 지나가 버린 뒤 애틋해하지 않도록 마음껏 즐기자. 춥다고 몸을 웅크리고만 있기엔, 겨울이 너무 아름답다.

2017년 11월

제 1 부

겨울정원

겨울을 정원에 담다

좋은 정원에
　　관한 생각

　　정원사인 내게는 '좋은 정원에는 그 계절이 보여주는 아름다움이 오롯이 담겨야 한다'는 믿음이 있다. 봄의 정원에는 생명이 움트는 기운과 설렘이, 여름의 정원에는 혈기왕성한 역동적인 에너지가, 가을의 정원에는 원숙한 색채감과 여유가 잘 담겨야 계절에 맞는 좋은 정원이 된다. 마찬가지로 겨울날의 정원은 자연이 이 계절에만 보여주는 아름다움을 잘 담아냈을 때 비로소 아름답다 말할 수 있다. 하지만 겨울이라는 계절에 정원의 아름다움을 떠올리기가 쉬운 일은 아니다. 겨울이라는 말만 들어도 추위에 어깨가 움츠러들고 나무가 얼어붙은 메마른 풍경이 먼저 떠오른다. 그 스산한 계절 어디에 아름다움이 있다는 걸까?

　　식물을 가꾸는 정원사들에게 겨울은 더욱 혹독하게 느껴진다. 10여 년 전 남한에서 가장 북쪽에 위치한 식물원에

영국 할로카정원의
겨울 산책로.

서 일하던 때였다. 전방과 가까운 그곳은 어찌나 추위가 빨리 찾아오는지 11월 중순이면 이미 아침저녁으로 살얼음이 얼기 시작했다. 긴 겨울을 꼼짝없이 보내고 3월이 됐는데 말만 춘삼월이지 4월 중순이 돼서야 할미꽃, 복수초, 앵초 같은 이른 봄꽃들이 고개를 내밀었고, 그마저도 진행 속도가 더뎌 5월 초에야 봄다운 봄이 온 것 같았다. 장장 대여섯 달의 긴 겨울을 보낸 셈이다. 일 년의 절반 가까이가 식물이 자라기에 추운 계절인데 그 긴 시간 동안 정원사들은 정원에 무엇을 담아 보여주어야 할까?

아름다운
　　겨울정원을 찾아서

　그 후로 겨울이 되면 사진기 하나만 챙겨 들고 여행을 떠나는 것이 습관이 되었다. '겨울에도 정원을 아름답게 즐길 수 있을까?' 스스로 던진 질문의 답을 찾아 지금도 틈만 나면 겨울정원으로 여행을 떠난다. 미국에서 연수를 받던 기간에는 북미 동부에 있는 정원 중 겨울 경관이 좋은 곳을 부지런히 찾아다니면서 그곳 사람들은 겨울에 정원을 어떻게 즐기는지 유심히 관찰했다. 심지어 신혼여행도 겨울정원을 둘러보겠다고 영국으로 떠났다.

　요즘은 겨울 숲을 즐겨 찾는다. 내쉬는 숨에 하얀 김이 서리고 걷는 걸음마다 마른 나뭇가지가 밟혀 오독오독 부러지는 소리까지도 크게 들리는 겨울 숲길을 걸으며 만나게 되는 날것 그대로의 자연이 참 좋다. 겨울정원이 정원사들의 손길에 다듬어진 모습이라면 겨울 숲은 손 타지 않은 싱싱한 겨울 그 자체다. 언뜻 보면 모든 것이 차갑게 얼어붙고 생명 하나 없어 보이지만 안으로는 치열하게 새로 움틀 생명을 준비하고 있다. 이러한 겨울의 숲과 자연을 오롯이 잘 담아낸 정원, 겨울에도 황량해 보이지 않고 우리 마음이 머물 수 있게 곁을 내어주는 자연, 그것이 바로 정원사가 꿈꾸는 겨울정원의 진정한 모습이 아닐까.

　　봄이나 여름처럼 시쳇말로 자연이 '자체 발광'하는 계절에는 굳이 노력하지 않아도 정원이 화려하게 빛난다. 하지만 겨울에는 다르다. 정원사가 세심하게 들여다보고 가꾸고 보살피지 않는다면 아름다운 정원이 거저 만들어지지 않는다. 정원을 감상하는 사람의 마음도 마찬가지다. 거닐기만 해도 감탄사가 터져 나오는 봄날의 정원, 자연의 생명력에 압도당하는 여름의 정원, 모든 것이 잘 영근 모습에 마음마저 푸근해지는 가을의 정원과는 다르다. 모든 생명이 삶의 기운을 안으로 갈무리하고 고요히 숨 쉬고 있는 겨울정원의 아름다움을 알아차리기 위해서는 산책자에게도 세심하고 특별한 눈길이 필요하다.

겨울 숲은 살아있다

"겨울날 공원은
　　　죽은 숲 같아요"

　10년쯤 전에 서울 시내의 한 공원에서 시민들에게 가드닝 수업을 한 적이 있다. 추위가 아직 가시지 않은 3월 초의 어느 오후, 시민들과 함께 작은키나무*들을 전정**하는 실습 중이었다. 추운 날에도 가드닝을 배워보겠다고 오신 분들의 열정이 놀랍고 고마워서 대화라도 나누고 싶은 마음에 "이렇게 겨울 공원에서 활동해 보니 어떠세요?"라고 한 분께 물었다. 이런 질문을 받으면 으레 '날은 춥지만 그래도 참 좋아요' 정도로 대답할 거라고 생각했다. 그런데 그분은 내 예상을 완전히 벗어난 답변을 했다. "겨울날 공원은 죽어있는 숲 같아요."라고 말이다. 그것도 해맑게 웃으면서.

　순간 찬물로 세수를 하고 한겨울 바람을 쐰 듯 정신이 번쩍 들었다. 공원을 두고 '죽어있는 숲'이라니. 조금 과격한 표현 같지만 잠시 그분 입장에서 생각해 보니 고개가 끄덕여

제주도 청수곶자왈의
겨울 풍경.

* 대개 뿌리에서부터 여러 개의 줄기가 갈라져 자라고 키가 2미터 이하인 나무, '관목'이라고도 한다.
** 剪定. 나무의 잔가지를 솎아주거나 잘라주는 행위.

졌다. 멀리 강원도에 살면서 서울까지 가드닝을 배우러 온 분이었는데 사는 곳 주변의 숲속 풍경과 비교해서 도심공원이 보여주는 겨울 풍광이 얼마나 황량했을까? 그날 실습을 하던 공원은 대부분 인공적인 구조물로 채워져 있고 거친 흙바닥 위로 헐벗은 나무들만 덩그러니 서있었다. 썰렁하고 인적 드문 공원에 차가운 칼바람만 매섭게 불어댔으니 생기 없고 황량하기 이를 데 없이 느껴졌을 것이다. 안타까운 것은 '죽어있는 숲'이라는 표현이 비단 이날 하루의 모습에만 국한되지 않는다는 사실이다. 정도의 차이야 있겠지만 우리나라 공원이나 정원의 겨울 모습이란 대부분 죽은 듯 보인다.

왜 그럴까, 묻지 않을 수 없다. 거기에는 여러 가지 이유가 있다. 식물이 살기에 혹독한 겨울 기후 때문이기도 하고 활용할 수 있는 식물 소재에도 한계가 있다. 그에 더해 꼭 생각해 봐야 할 것은 겨울정원을 바라보는 우리의 마음이다. 풍경(Landscape)이란 그 풍경을 바라보고 누리며 사는 사람들의 마음이 투영된 것(Mindscape)이라고 하지 않던가. 겨울에 우리 주변에 있는 정원들이 대부분 춥고 황량하게 느껴지는 것은 우리가 겨울날 정원에 기대하는 모습이 그 정도였기 때문은 아닐까? '겨울정원에 뭐 볼 게 있겠어?'라고 생각하며 마음의 문을 닫아버렸기 때문에 오히려 정원을 다양하게 꾸밀 시도조차 하지 못했던 것은 아닐까?

겨울 숲이 주는
온기

　　겨울에 자연이 차고 메마르기만 한 것은 아니다. 겨울 숲에 가본 사람은 안다. 겨울 숲에는 특유의 온기가 있다. 비록 따뜻한 계절의 푸르른 색깔은 아니지만 숲속 식물들은 제각각의 색채로 숲을 채운 채 고요히 쉬고 있다. 날씨가 추워 차갑게 느껴질 뿐이지 생명이 없는 냉랭함은 아니다.

　　물론 겨울은 숲에도 가혹한 계절이다. 분명히 생명이 움츠러드는 시간이다. 하지만 한 걸음 더 가까이 가서 들여다보면 겨울에도 생각보다 볼거리가 많다는 것을 알게 된다. 숲에 들어서면 우선 덩어리가 아닌 조금씩 간격을 두고 선 나무 각각이 보인다. 한 그루 한 그루의 곡선이 드러나고, 그 사이로 햇살이 비추면 나무줄기의 무늬가 더욱 선명하게 느껴진다. 숲 바닥에 내려앉은 한 줌의 햇살 아래로 어딘가는 아직 딱딱하게 얼어있고 어딘가는 켜켜이 쌓인 낙엽층이 녹아 흙이 되어가는 중이고, 또 어딘가는 습기를 머금어 축축해져 있다. 밟을 때마다 쿠션처럼 푹푹 들어가는 숲 바닥에선 생명의 기운이 아지랑이처럼 올라온다.

　　산책로를 조금 벗어나 숲속을 걸으면 복수초, 노루귀 같은 봄꽃들이 벌써 깨어나 있을 것이다. 북서사면에 낀 이끼는 눈비에 촉촉이 젖는다. 어디선가 길마가지나무나 백서향의 알싸한 꽃향기가 바람을 타고 날아오고, 팥배나무의 적갈색 열매를 따 먹느라 분주한 새소리가 들릴지 모른다. 먹이를 찾아 내려온 고라니나 산토끼가 인기척에 놀라 도망가지는 않을까? 또 어디선가는 벌써 얼음이 녹아 개울이 흐르고 있을지 모른다.

적막하고 황량한 줄로만 알았던 겨울 숲은 그렇게나 많은 생명을 품고 있다. 세상을 처음 보는 어린아이의 순수한 눈과 마음으로 겨울 숲에 서보라. 호기심을 자극하는 많은 순간들이 정원사의 상상력을 불러일으키고 겨울은 어떤 계절인가를 다시 묻게 할 것이다.

백당나무 열매

눈비에 물이 오른 이끼

가시나무 도토리

유리산누에나방의 번데기

쑥부쟁이의 마른 꽃대

영국의 윈터가든

**겨울정원도
　화려할 수 있다**

　백문이 불여일견이라고 했던가. 아름다운 겨울정원의 모습을 구상하려면 잘 만든 겨울정원을 살펴봐야 한다. 영국의 윈터가든이 좋은 예라 할 수 있다. 직접 가본 윈터가든들은 기대했던 것보다 훨씬 인상적이었다. 겨울에도 정원이 그토록 풍성하고 화려한 모습을 보여줄 수 있다는 사실에 매우 놀랐다.

　영국의 윈터가든들은 겨울에도 녹색인 잔디밭과 상록수를 배경으로 수피*가 아름다운 나무들과 겨울에 꽃피는 식물들이 자라고, 그 사이사이 빈 공간을 상록성 초본들과 마른 풀들이 다양한 색채와 질감으로 채우고 있었다. 아마 봄과 여름에 가보았다면 더 화려한 모습이었겠지만 겨울에도 충분히 아름다웠다. 특히 겨울에 더욱 돋보이는 소재들로 잘 가꾸어 놓은 덕분에 그 계절만을 위한 독립적인 정원 같다는 느

● **樹皮.** 나무줄기를 감싸고 있는 표피. 흔히 물관부 바깥쪽의 모든 조직을 일컫는다.

큐왕립식물원의 겨울 모습.

낌마저 들었다. 그래서 단순히 겨울날의 정원이라는 의미로 겨울정원이라고 번역해서 부르기보다는 영어식 표현 그대로 '윈터가든(Winter Garden)'이라고 불러줘야 옳을 것 같다.

영국 윈터가든의 역사

윈터가든은 겨울에 식물의 꽃, 잎, 열매 등이 강렬한 색감을 뽐내거나 수피, 수형, 향기 등에서 특색 있는 소재들을 이용해 그 계절에 특화된 볼거리를 담아낸 정원이다. 겨울에도 아름다운 정원을 만드는 것, 더 엄밀히 말해서 연중 아름다운 정원을 만드는 것은 유럽 정원사들의 오랜 꿈이었다. 하지만 그 바람을 구현하기에는 겨울날 야외 정원을 화사하게 꾸며줄 식물 소재가 너무 제한적이었고, 차차 아시아와 북아메리카 등 다른 대륙으로부터 새로운 식물종이 들어와 소개되면서 정원사들이 그 가능성에 눈뜨게 된다. 특히 19세기 말에서 20세기 초, 영국과 프랑스의 유명한 식물학자인 조지프 후커(Joseph Dalton Hooker), 어니스트 윌슨(Ernest Henry Wilson), 아르망 다비드(Armand David) 등이 중국과 네팔 등지를 탐험하며 새로운 식물을 많이 소개했고 이를 기점으로 정원에 활용할 수 있는 종류가 폭발적으로 늘어났다.

정원의 나라 영국에서도 꿈꾸던 윈터가든을 구현하게 된 것이 그리 오랜 일은 아니다. 윈터가든이라는 단어가 처음

영국 큐왕립식물원의 팜하우스(palm house). 19세기에 만들어진 대형 전시 온실의 대표적인 예다.

사용된 것은 19세기 초였지만 지금의 윈터가든과는 전혀 다른 의미였다. 빅토리아 여왕이 통치하던 19세기부터 20세기 초반까지 윈터가든은 연회를 위해 만든 커다란 관상용 온실을 가리키는 말이었다. 당시 런던, 브라이턴, 에든버러, 셰필드 등 많은 도시에서 온실을 지어 이국적인 식물들로 실내 정원을 연출하고 거기서 밴드 공연이나 무도회 등의 연회를 여는 것이 크게 유행했다. 제1차 세계대전 이후로는 이런 온실들이 비싼 유지관리비 등의 이유로 대부분 문을 닫았지만 아직도 대형 온실을 윈터가든이라고 부르는 경우가 종종 있다.

아름다운 겨울정원에 대한 정원사들의 로망이 실제로 구현되기 시작한 것은 20세기 중반에 들어서다. 1951년 영국의 케임브리지대학식물원에서 최소 규모의 윈터가든을 만들었다. 당시는 그저 겨울에 아름다운 식물을 한 장소에 모아놓았을 뿐이지만 최초의 윈터가든이라는 데 의미가 있다. 또 윈터가든을 주제로 한 정원 책들이 등장한다. 1948년 스텐리 화이트헤드가 《윈터가든》이라는 책을 썼고, 1957년 케임브리지 태생의 유명한 정원사인 그레이엄 스튜어트 토마스(Graham Stuart Thomas)가 《겨울정원의 색상(Colour in The Winter Garden)》을 출간한다. 특히 이 책에서 그레이엄은 겨울에 아름다운 나무, 겨울에 꽃피는 상록성 관목, 덩굴식물, 열매, 만병초 등 10여 개 챕터로 나누어 유려한 글 솜씨로 겨울정원의 미학을 이야기했다. 유명한 정원 디자이너이자 탁월한 정원 작가였던 그의 책답게, 《겨울정원의 색상》은 이 분야에서 오랜 고전으로 사랑받고 있다.

이후 오늘날 윈터가든의 원형이 만들어진 것은 영국 브레싱엄정원의 설립자이자 침엽수를 활용한 가드닝의 대가로 유명한 아드리안 블룸(Adrian Bloom)에 의해서다. 영국 노퍽 출신의 정원사인 그는 아버지의 뒤를 이어 식물재배원을 운영했다. 평소 다양한 침엽수 수집을 즐겼던 그는 1962년 아버지의 숙근초* 정원을 리모델링하면서 왜성**침엽수와 자

- • 宿根草. 겨울 동안 식물체의 지상부가 말라 죽고 뿌리만 남았다가 봄에 생장을 계속하는 초본식물.
- •• 矮性. 생물의 크기가 그 종(種)의 표준 크기에 비해 작게 자라는 특성. 또는 그런 특성을 가진 품종.

작나무 그리고 일부 겨울에 꽃피는 식물들을 활용해 겨울에 특히 아름다운 정원을 만든다. 이는 매우 새로운 시도이며 결과는 성공적이었다. 이에 고무된 아드리안은 침엽수와 고산성 진달래과 관목인 헤더(heather) 종류를 중심으로 상록성 뼈대를 만들고 주변에 흰말채나무, 자작나무, 풍년화 등 다양한 식물을 혼합해 심어서 한층 업그레이드된 겨울정원을 만든다. 이 정원이 오늘날 영국의 대표적인 윈터가든 중 하나인 브레싱엄정원의 출발점이었다.

아드리안의 작업은 겨울날 정원에 대해 고민하는 많은 정원사들과 정원 디자이너들에게 큰 영감을 주었고, 이후 영국 전역에서 많은 윈터가든이 만들어지는 데 동기를 부여했다. 케임브리지대학식물원에서는 1978년 기존의 단순한 윈터가든을 리모델링해서 새로운 디자인으로 발전시켰고, 1986년 웨이크허스트플레이스정원에도 윈터가든이 생겨났다. 1996년에는 윈터가든의 단일면적이 영국에서 가장 넓다는 힐리어정원의 윈터가든과 드라마틱한 연출로 인기가 높은 앵글시애비정원의 겨울 산책로가 만들어진다. 이어서 로즈무어정원(1996), 마크홀수목원(2000), 위슬리정원(2002), 할로카정원(2006), 세빌정원(2008) 등 유수의 영국 정원들에 겨울정원이 따로 만들어지게 된다.

영국의 대표적인 윈터가든들

영국에는 잘 만들어진 윈터가든이 많으며 그 수가 계속 늘어나고 있다. 그중 가장 대표적이고 훌륭한 경관을 보여주는 곳들을 모아서 소개한다. 영국 윈터가든의 멋진 모습을 보기 위해 일부러 찾아가 볼 만한 정원들이다.

케임브리지대학식물원

1951년 당시 식물원장 존 길모어(John Gilmour)가 겨울에 아름다운 식물을 따로 모아 감상할 목적으로 약 1200평 규모에 최초의 윈터가든을 만들었다. 초창기에는 잔디밭에 녹색 울타리를 두르고 삼각형이나 사각형 모양의 화단을 만들어 식물을 수집하고 열거해 놓는 단순한 형태였지만, 1978년에 이르러 식물원장인 피터 오리스(Peter Orriss)와 수석 정원사 노만 빌리스(Norman Villis)가 기존 형태에서 벗어나 디자인 완성도를 높이고 생태성이 좋아지도록 정원을 리모델링한다. 이때 보수한 정원 형태를 지금까지 유지해 오고 있으며, 전반적으로 작지만 정갈한 느낌이 나는 정원이다. 식물 하나하나를 신경 써서 심어둔 모습에서 겨울정원 가꾸기의 정석을 엿볼 수 있다.

위슬리정원

영국왕립원예협회가 운영하는 대표 정원으로 호수 주변에 윈터가든을 따로 조성해 두었다. 하지만 본 정원 구석구석에 겨울에 감상할 만한 요소를 잘 녹여낸 덕분에 정원 전체의 겨울 모습이 아름답다. 특히 네덜란드 출신의 정원 디자이너 피트 아우돌프(Piet Oudolf)가 마른 초화류로 초원처럼

디자인한 보더정원의 이색적인 겨울 풍경이 돋보인다. 주로 고산지대에서 자라며 가을과 겨울에 꽃피는 상록성 진달래과 관목류인 헤더류를 수집한 테마정원도 볼 만하다.

앵글시애비정원

앵글시애비정원은 한때 수도원 소유였다가 그 후로 지역 유지들이 소유해 온 개인 정원이었으며, 지금은 자연보호와 사적보존 활동을 하는 민간단체인 내셔널트러스트가 운영하고 있다. 1996년에 수석 정원사 리처드 아이레스(Richard Ayres)와 자문위원 존 세일스(John Sales)가 겨울 산책로를 디자인한 것을 시작으로 윈터가든을 조성했다. 식물을 극적으로 연출한 것이 돋보이는데, 상록수로 만든 긴 수벽* 안쪽으로 산책로가 좁다랗게 나있으며 이를 따라 걷다 보면 코너를 돌 때마다 다른 종류의 식물이 나타난다. 다음 코너에선 어떤 식물이 어떤 방식으로 심겨있을지 궁금하게 한다.

* 樹壁. 수목을 심어 생울타리와 같은 나무 벽을 조성하는 공법.

할로카정원

영국왕립원예협회가 운영하는 정원 중 하나로 영국 중부 해러게이트에 자리해 있다. 할로카정원의 윈터가든은 여러 가지 면에서 완성도가 높다고 평가받는다. 그중에서도 땅의 기본 골격을 잘 활용한 점이 돋보인다. 야트막한 언덕에 구불구불한 길을 내고 정원을 가로지르는 작은 개울을 감상할 수 있게 했으며, 길옆에 겨울 산책로를 따로 만들어 경사를 따라 걸으면서 주변 경관과 잘 어우러진 겨울정원을 감상할 수 있다. 2005년 정원사 러셀 왓킨스(Russell Watkins)가 디자인했으며 처음에는 산책로 길이가 짧았으나 현재 약 200미터에 이른다. 지금도 산책로를 계속 확장하고 있다.

세빌정원

런던 근교의 고급스러운 숲 정원이다. 대부분 윈터가든을 테마정원 형태로 분리해 조성하는 것과 달리, 세빌정원의 윈터가든은 본 정원과 잘 어우러져 있다. 낮은 언덕배기 아래로 탁 트인 경관이 눈에 들어오며, 곳곳에 겨울에 보기 좋은 식물들을 심어두었다. 숲과 개울, 근처의 버드나무 군락이 자연스럽게 조화를 이룬다. 한쪽에는 겨울용 정원식물들을 따로 모아 심어 포인트가 되도록 연출했다.

힐리어정원

1996년에 윈터가든을 조성했으며, 윈터가든 단일면적으로는 영국에서 가장 넓다. 설립자인 해럴드 힐리어(Harold Hillier) 경은 세계의 다양한 정원수를 수집·발굴하고 보급했던 유명한 원예가였다. 그 영향인지 약 5000평 면적에 650여 종의 다양한 식물을 심어, 마치 겨울정원을 꾸미기 좋은 식물을 소개하는 훌륭한 포트폴리오처럼 보인다. 다양한 식물을 어떻게 활용하면 좋을지 참고하기에 좋다. 한겨울에도 윈터가든을 보려고 찾는 관람객이 많으며 투어 가이드 프로그램도 있다.

하이드홀정원

영국 왕립원예학회가 운영하는 대표적인 정원 가운데 하나로, 에식스 지방의 언덕 위에 자리해 사방으로 펼쳐진 전원의 풍경과 함께 정원을 감상할 수 있다. 2018년에 문을 연 윈터가든은 영국에 있는 윈터가든들 중 비교적 최근에 조성된 사례로, 화려한 색감보다는 갈색으로 마른 풀과 빈 나뭇가지를 중심으로 '모든 것이 부식되어 흙으로 돌아가는 겨울'을 표현한 점이 특징이다. 또한 척박한 토양에서도 잘 가꿔진 드라이가든과, 절제되고 정돈된 스타일 속에서 식물 형태의 아름다움을 드러내는 모던 컨트리 가든 등 겨울 경관이 뛰어나다.

사진제공 : 김수진

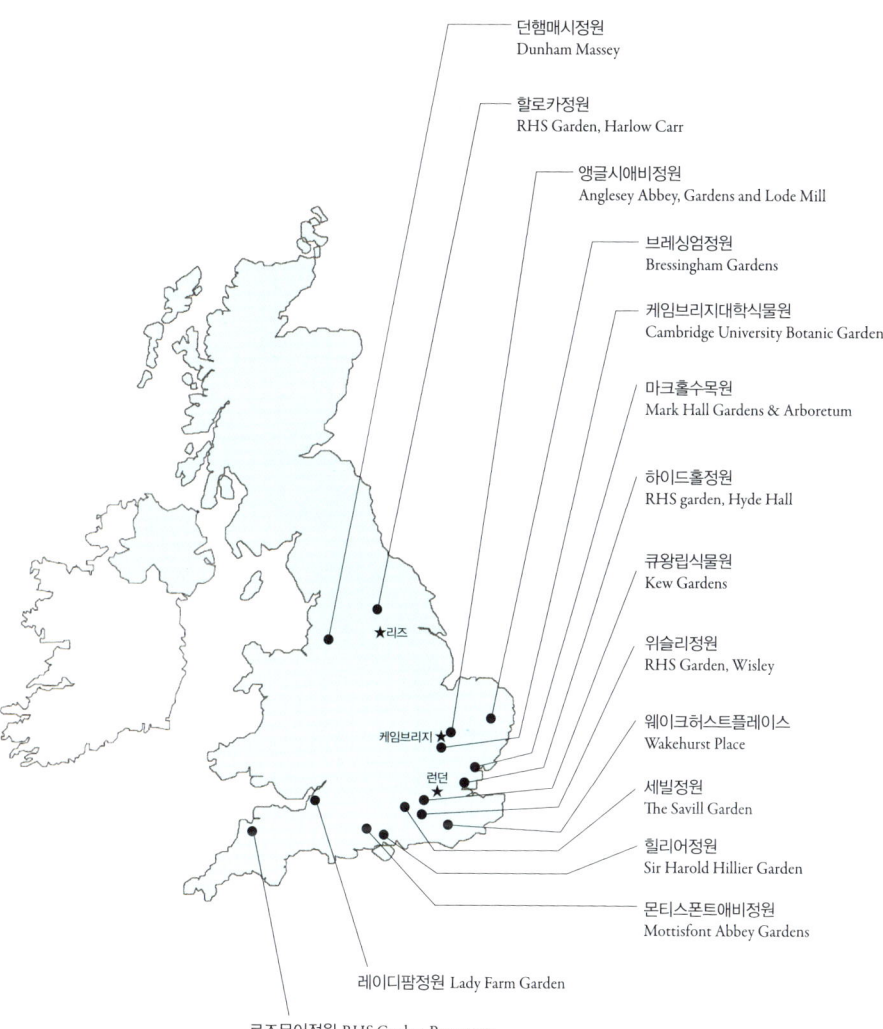

겨울정원을 디자인하는 법

우리도 겨울정원을 만들 수 있을까

　영국의 윈터가든들을 여행하면서 '이 풍경을 우리나라 정원에도 그대로 적용할 수 있을까?' 하고 되뇌어 보곤 했다. 사람들에게 그 아름다움을 소개할 때도 어김없이 같은 질문을 받는다. 하지만 영국의 윈터가든을 우리나라에 그대로 재현하기는 쉽지 않다. 같은 온대지방이라도 영국과 우리나라의 겨울은 많이 다르다. 겨우내 비가 많이 내리고 습하지만 기온이 많이 내려가지는 않는 영국 날씨는 사람에게는 어떨지 몰라도 온대식물들이 견디기에는 매우 온순한 환경이다. 반면에 우리나라 겨울은 춥고 건조한 북서풍이 매섭게 불어 식물들에게 몹시 혹독하다. 그래서 위도로는 우리나라가 영국보다 더 남쪽에 있지만 자랄 수 있는 식물의 폭은 영국이 훨씬 넓다. 활용할 수 있는 식물의 폭이 넓다는 것은 그만큼 정원을 다채롭고 풍부하게 꾸밀 수 있다는 이야기다. 특히 영국의 윈터가든에서 만나는 사계절 싱그럽고 푸른 잔디밭과

영국 위슬리정원의 초지정원.

다양한 상록수들은 언제 보아도 정말 부럽다.

환경의 차이로 인해 우리가 영국의 윈터가든과 비슷한 겨울정원을 연출하기 어렵다고 해서 너무 빨리 실망하거나 체념할 필요는 없다. 우리나라에서는 우리 환경에 맞는 품격 있는 겨울 경관을 찾아서 디자인하면 되기 때문이다. 영국의 윈터가든을 통해 겨울철에 흥미롭게 관찰할 만한 식물들을 찾아 정원에 잘 녹여내는 정원사들의 솜씨를 엿보았다면, 그것만으로도 우리는 많이 배운 것이다.

겨울정원
디자인 전략

그렇다면 겨울정원을 돋보이게 하는 요소는 무엇일까? 겨울에도 아름다운 정원을 만들고자 할 때 우리는 어떤 점들을 고려하고 어디에 더 관심을 기울여야 할까? 앞으로 우리나라에도 멋진 겨울정원이 많아지기를 바라는 마음으로 겨울정원을 디자인할 때 고려해야 할 점을 정리해 본다.

땅은 정원의 골격, 기초부터 아름답게

겨울에 정원은 허전해 보인다. 나무는 잎이 다 떨어진 민머리 상태고 꽃피는 초화류도 겨울잠에 들어간다. 하지만 그 덕분에 정원의 바탕이 그대로 드러난다. 정원의 바탕이란 땅의 형태와 정원의 골격을 말하며 그것이 어느 때보다 중요하게 여겨지는 시기가 겨울이다.

프랑스의 유명한 정원사이자 정원 철학자인 질 클레망(Gilles Clément)은 처음 정원을 시작하는 사람에게 어떤 조언을 하겠느냐는 질문에 '1년 동안 아무것도 하지 말고 땅을 잘 관찰하라'고 답했다고 한다. 땅을 잘 관찰하는 일. 그것은 땅이 습한지 건조한지, 비옥한지 척박한지, 어떤 식물이 자라고 있는지와 같이 땅의 성질을 관찰하는 것뿐 아니라 땅의 형태와 주변 경관의 조화를 함께 보라는 이야기다. 땅의 경사에 따른 시야 변화와 달라지는 동선으로 인한 리듬감 차이, 적당히 가려진 공간을 지나 탁 트인 공간으로 나올 때 느껴지는 설렘 등, 땅의 생김에 따라 정원에서의 경험도 달라진다. 규모와 상관없이 입체적인 공간일수록 정원에서 느낄 수 있는 재미도 많다. 좋은 정원은 그곳에 식물을 심거나 여러 요소로 꾸미기 전부터 본바탕 자체가 아름다워야 한다.

긴 산책로형 정원

할로카정원, 세빌정원, 앵글시애비정원 등 영국의 대표적인 윈터가든은 긴 산책로형으로 구성된 경우가 많다. 이는 정원 안의 어느 한 공간에 머물며 천천히 감상하는 방식이 아니라 긴 동선을 따라 걸으며 주변 풍경과 함께 겨울 식물을 감상하도록 한, 의도된 배치로 겨울철 정원 감상자의 행동 양식과 밀접한 관련이 있다. 추운 계절에는 한 자리에 오래 머물며 정원을 음미하기보다 몸을 움직이며 눈앞에 펼쳐지는 풍경의 변화를 즐기는 것이 더 자연스럽기 때문이다.

이런 구성에서는 긴 산책로를 따라 이동할 때마다 시각적 변화가 느껴지도록 정원을 디자인하는 것이 바람직하다. 다양한 식재와 공간 연출을 통해 걸음마다 계속 풍경이 달라지는 경험을 제공한다면, 겨울정원이 더욱 풍성하게 느껴질 것이다. 또한 같은 이유로, 윈터가든은 방문자센터와 가까운 위치에 배치되는 경우가 많은데, 추운 겨울에는 방문객의 이동 거리와 체류 시간이 짧아지기 때문이다. 방문자센터 인근에 윈터가든을 배치하면 접근성이 높아지고, 효율적이면서도 쾌적한 겨울 정원 탐방이 가능해진다.

다양한 색상의 흰말채나무 종류를 심어놓은 큐왕립식물원의 연못가. 흰말채나무와 버드나무 등 어린가지의 수피가 아름다운 나무들은 '물을 좋아하는 관목'이라는 별명이 있을 만큼 물가에서 잘 자라고, 그런 환경에서 색채 발현이 더욱 잘된다.

공중습도는 높게

겨울정원의 아름다움은 정원을 채운 식물들의 건강 상태와도 밀접한 관련이 있다. 식물은 건강한 상태에서 최상의 아름다움을 보여주기 때문이다. 우리나라처럼 겨울이 춥고 건조한 곳에서는 공중습도가 식물의 건강에 큰 영향을 미친다. 외국의 겨울정원에서는 특정 식물이 매우 싱싱하고 선명해 보였는데, 우리나라에서는 같은 식물을 심어도 색채감이 떨어진다는 이야기를 듣곤 한다. 여러 이유가 있을 수 있지만 식물 재배 경험이 많은 정원사들은 그 이유를 공중습도에서 찾는다. 실제로 흰말채나무, 버드나무 등을 비롯한 수피가 아름다운 나무들은 '물을 좋아하는 관목(Water-Loving Shrub)'이라는 별명이 있을 만큼 물가에서 잘 자라고 그런 환경에서 색채 발현이 더 잘된다. 상록성 식물들은 공중습도가 높은 환경에서는 수분 스트레스가 적어 더 싱그러운 녹색을 띤다. 그래서 외국에서는 겨울정원을 연못이나 작은 계곡 주변 등 공중습도가 높은 장소에 만들기도 한다. 정원 근처에서 물이 흐른다면 그것만으로도 운치 있는 겨울 풍경이 될 테니 여러모로 좋은 방법이다.

바람의 방향을 고려하라

우리나라에서 식물들이 겨울을 나기 어려운 것은 추위보다 건조함에 의한 영향이 더 크다. 춥고 건조한 바람이 계속 불어오면 동계건조해*가 발생하고, 수분을 빼앗긴 식물은 결국 탈수해 말라 죽는다. 이런 피해를 줄이기 위해서는 북서풍을 피할 수 있는 야산이나 건물 등의 남동사면에 정원을 조성하는 것이 좋다. 정원 북서쪽에 방풍림이나 방풍벽을 마련하는 것도 좋은 방법이다. 이때 여름에는 덥고 습한 바람이 정체되지 않도록 바람이 지날 통로까지 고려해 바람막이를 만들어야 한다. 특히 겨울정원에 활용하는 식물 중 만병초와 같은 한대지방 식물은 여름철의 덥고 습한 기후를 잘 견디지 못한다. 계절 흐름에 따른 급격한 온·습도의 변화를 완화시

- 冬季乾燥害. 겨울철 건조한 바람으로 수분이 손실되어 뿌리가 얼거나 건조해 제 기능을 하지 못해서 나타나는 피해.

상록수로 만든 수벽과 토피어리는 겨울정원에 형태미를 더하기 위해 많이 활용하는 소재다.

킬 수 있는 환경을 조성해 준다면 식물들이 사계절 최적의 상태를 유지하는 데 도움이 될 것이다.

정원에 형태미를 더하라

정원에 조형물을 두거나 수형이 아름다운 나무를 심으면 형태미가 좋아진다. 상록수를 심어 수벽을 만들어 보자. 수벽으로 정원 바깥을 테두리처럼 두르면 한결 정돈돼 보이고 안에 있는 식물들의 질감과 색감도 도드라져 보인다. 상록수를 재미있는 모양의 토피어리*로 만들어 기하학적인 형태감을 더하는 것도 좋은 방법이다. 또한 키가 큰 나무들을 정원 뒤편으로 멀찍이 배치하면 숲 같은 바탕이 생겨 정원 풍경이 더 깊어 보인다. 이때 상록수와 낙엽수를 적절히 혼합해 심으면 깊이감이 배가되고 계절의 변화를 생생하게 느낄 수 있다.

다층적으로 식재하라

겨울은 꽃을 구경하기 힘들고 식물의 색채감이 부족한 계절이다. 이럴 때일수록 식물 식재**의 기본 원리에 충실해 식물의 형태, 질감, 색채감 등을 섬세하게 고려해야 한다. 예를 들어 잎이 넓적하고 짙은 초록색인 꽃돌부채 옆에 밝은 형광 녹색의 작은 잎이 빼곡하게 난 헤베를 심어주면 형태적인 대비와 함께 색상은 부드러운 조화를 이룬다. 그 옆에 청동 빛깔의 가늘고 긴 잎을 가진 코만스사초를 심으면 색깔이 잘 어울리면서도 앞의 두 식물이 가진 뭉툭한 형태감을 상쇄시킨다. 또한 식물을 심을 때 여러 층으로 구분해 다층적으로 심으면 겨울정원의 황량함은 줄어들고 다채로움을 더할 수 있다. 예를 들어 어린가지 색깔이 화사한 흰말채나무 종류를 심을 때 그 밑에 흰말채나무와 색상 대비를 이루는 밝은 노란색의 사초 품종이나 밝은 무늬가 들어간 송악 품종을 심으면 잘 어울린다. 그리고 송악 사이사이로 수선화를 심어주면 더욱 다채로워 보인다.

* Topiary. 식물을 보기 좋게 자르거나 다듬는 조경 기술 또는 작품.
** 植栽. 초목을 심어 재배하는 일.

흰말채나무 '시비리카', 꽃돌부채, 에리카, 헬레보루스 포이티두스 등을
조화롭게 섞어 심은 화단.

갈색, 햇빛, 향기, 구근 등은 겨울정원을
더욱 섬세하고 감각적으로 만들어 주는 주제다.
아래 사진은 단포르디아이붓꽃.

갈색을 두려워 말라

갈색은 겨울의 자연스러운 색깔이다. 봄부터 가을까지 아름다운 색의 향연을 보여주었던 식물들이 겨울이 되면 대부분 갈색으로 바랜다. 갈색은 겨울의 계절감을 살리고 자연스러움과 고급감을 더해주는 색상이다. 그런데도 사람들은 겨울에 식물이 마르면 그 갈색을 감상하기보다 마른 잎을 잘라내느라 바쁘다. 외국 정원들에서는 겨울날 검게 마른 채 형태가 남아있는 식물들의 꽃대나 열매, 부드러운 질감의 그라스 같은 것을 있는 그대로 잘 활용하는 편이다.

구근을 심어라

구근은 봄을 일찍 맞는 식물이다. 늦은 겨울과 이른 봄 사이의 정원에 색을 입히고 싶다면 이른 봄에 꽃피는 구근만큼 좋은 것이 없다. 우리나라 정원에서 많이 활용하는 구근은 튤립과 수선화 정도다. 대부분은 꽃을 크게 만든 육종*으로 봄 중순이 돼서야 꽃을 피운다. 그와 달리 꽃을 일찍 피워 겨울정원에 활용하기 좋은 구근으로는 설강화, 원종 튤립, 실라, 노랑너도바람꽃, 구근 아이리스 등이 있다. 한편 구근을 겨울정원에 자연스럽게 연출하는 방법 중 하나는 아직 잎이 나지 않은 관목류의 덤불 속에 심는 것이다. 덤불가지 사이로 봄기운이 빼꼼 올라오는 것처럼 보여 재미있다.

빛과 향기까지 디자인하라

자연광이 약한 겨울에는 빛이 들어오는 각도를 잘 고려해서 정원을 설계해야 한다. 겨울정원에서 빛의 변화는 순간순간 새로운 장면을 만들어낸다. 차분한 아침 햇빛은 이 계절에 갓 깨어난 식물들의 실루엣을 하나하나 살아나게 하고, 따뜻한 저녁 무렵의 햇살은 겨울정원을 갈색 온기로 감싸 안았다가 금세 사라져 간다. 겨울정원에 빛이 비추었을 때와 그렇지 않은 때는 마치 연극 무대에 조명을 켜고 끈 것만큼이나 큰 차이가 있다. 향

● 育種. 생물이 가진 유전적 성질을 이용해 새로운 품종을 만들어 내거나 기존 품종을 개량하는 일.

기 역시 겨울정원에서 매우 중요한 요소다. 겨울에 꽃피는 식물들 중에는 유난히 향기가 좋은 것이 많다. 예를 들어 향기로운 납매를 정원 산책로 가까이에 심는다면 그윽한 향기를 따라 걷게 될 것이다. 서향의 알싸한 향기도 매력적이다. 향기 좋은 식물을 잘 활용하면 겨울정원을 향기로 기억하게 될 수도 있다.

야생동물이 함께 사는 공간으로

겨울정원에 야생동물이 찾아오면 순식간에 정적인 공간에서 동적인 공간으로 변한다. 정원은 사람들만의 공간이 아니다. 우리가 원하든 원하지 않든 새, 곤충, 개구리, 다람쥐 같은 작은 생명들이 함께 살고 있고, 그렇게 뭇 생명이 더불어 살아가는 공간이 될 때 더 의미 있고 아름답다. 정원에 열매가 있는 식물을 심고, 물을 공급하고, 동물들이 몸을 숨기고 추위를 피할 수 있는 공간을 제공하는 등 작은 배려를 한다면 한층 더 생동감 넘치는 생태 공간으로 변모할 것이다.

제 2 부

겨울나무에서만 볼 수 있는 것들

수형

\ 겨울날 드러나는
나무의 진면목

겨울이면
더 아름다워지는
나뭇가지

아파트에 사는 R 선생님은 매일 새벽 반려견 세미와 함께 인근 공원으로 산책을 간다. 일을 나간 사이 하루 종일 좁은 아파트에 갇혀 지내야 하는 세미가 안타까워 시작한 새벽 산책이지만 어느 샌가 그의 일상에서 가장 소중한 시간이 되었다. 그는 산책길에서 만난 풍경 중에서 가장 감동한 장면을 핸드폰 카메라에 담아뒀다가 SNS에 올린다고 한다. 어떤 날은 꽃이 피어나는 초여름의 찰나를, 어떤 날은 그 꽃에 앉아 꽃가루 모으기에 여념 없는 꿀벌들의 부지런함을, 또 어떤 날은 아침 햇살이 그린 아른아른한 숲 그림자를 담는다. 모두 핸드폰으로 찍은 사진들이고 빛이 적은 흐린 날에 찍어 흔들린 것도 많다. 그런데도 그의 사진을 볼 때마다 적잖이 감동받는 것은 아마도 계절의 아주 작은 변화를 발견한 세심한 시선과 잔잔한 마음의 동요가 한 장의 이미지 안에 오롯이

파로티아 페르시카. 이란에서 온 조록나무과의 큰키나무로 수형, 수피, 꽃, 나뭇잎 등 다방면에서 매우 아름다운 나무다.

담겨있기 때문이리라.

　언제부턴가 R 선생님 사진의 숨은 팬이 된 나는 겨울이 오자 그가 겨울 새벽의 산책길에서는 무엇을 담아올지 기다려졌다. 한겨울의 어느 날 그가 찍은 사진에는 겨울나무의 잔가지 사이에 걸린 청회색 하늘이 담겨있었고, 역시나 기대를 저버리지 않은 그 풍경에 진하게 감동했다. R 선생님은 겨울날 나뭇가지가 뻗은 모양이 아름답다는 것을 그해 겨울 처음 알게 되었다며 평소 즐겨 읽는다는 다이앤 애커먼의 책《새벽의 인문학》의 한 구절로 당신이 느낀 감흥을 대신했다.

> '겨울이 되면 우리는 옷을 껴입지만 나무는 헐벗는다. 나는 헐벗은 나뭇가지에 걸린 하늘이 좋다. 섬세한 장식 무늬 같은 잔가지 안에 갇힌 하늘이 마치 납으로 틀을 만든 스테인드글라스 창문으로 빛이 쏟아져 들어오는 모습 같다.'

　R 선생님이 본 것이 틀리지 않았다. 나뭇가지는 겨울에 더 아름답게 보인다. 무성했던 푸른 잎을 미련 없이 내려놓고 앙상한 가지를 드러낸 뒤에야 그제껏 잎에 가렸던 나무의 진면목, 수형*을 보여주기 때문이다. 자기가 선 자리에서 꼼짝없이 추위를 맞고 있는 앙상한 겨울나무는 한편으로는 안타깝고 측은해 보이지만 실은 나무 본연의 아름다움을 가장 잘 드러낸 당당한 모습이다.

● 樹型. 나무의 모양.

R 선생님이 겨울 새벽에 찍은 나무 사진들. 겨울나무의 잔가지 사이로 청회색 하늘이 잘 담겼다. (사진 제공: 류덕희)

공간마다 잘 어울리는 수형이 있다

겨울날 정원에서 나무 본연의 아름다움이 잘 드러나게 하려면 각각의 나무가 가진 고유의 실루엣을 활용해야 한다. 다시 말하지만 겨울에는 나뭇잎이 모두 떨어져 나무의 골격이 그대로 드러나 보인다. 기본 수형과 주변 풍경의 어울림을 고려해 알맞은 장소에 알맞은 나무를 골라 심으면 겨울에 그 진가를 발휘한다. 도심에 심는 나무라면 각지고 차가운 건물 등의 외관과 잘 어울리는 모양의 줄기와 가지를 지닌 것이 좋다. 건물 외벽을 도화지 삼아 그 위로 선이 고운 나뭇가지가 드리우면 한 폭의 아름다운 그림이 된다. 정원에 심는 나무라면 어느 위치에 심을지를 고려해 주변 나무들과 어울리는 실루엣을 가진 것을 택한다. 산책로 가까이에 수형이 개성 있는 나무를 포인트로 심어 흡사 조형물처럼 연출해도 좋다. 정원 뒤편이라면 볼륨감 있는 커다란 나무를 선택해 풍성한 병풍 같은 배경을 만들어 볼 수도 있다. 정원 풍경에 깊이감을 더해줄 것이다.

사람마다 성격이 다 다르듯 나무도 종류마다 타고난 수형이 다르므로 평소에 잘 관찰해 두면 좋다. 팽나무와 소사나무는 잔가지가 무성하고 마디가 매우 짧게 자라 촘촘한 느낌을 주지만, 붉나무와 머귀나무는 잔가지 없이 굵은 가지가 쭉쭉 뻗으며 자라 조금 엉성한 직선미가 느껴진다. 전자가 주로 반음지에서 천천히 자라는 나무라면, 후자는 대개 양지에서

정원 뒤편에 키 큰 나무를 심으면 그 실루엣이 병풍처럼 드리워져 풍경에 깊이를 더해준다.

자라는 나무로 다른 나무들과 햇빛 경쟁을 하느라 빠르게 자라서 그런 수형을 갖게 되었다. 또 자작나무나 버드나무가 가지에 힘을 빼고 편안히 아래로 늘어뜨린 모습이라면, 노각나무나 층층나무는 가지 끝을 힘 있게 하늘로 뻗고 있어 성성한 긴장감이 느껴진다.

저마다 형태가 다른 나무들은 그 모습만으로도 다른 느낌을 준다. 어떤 나무를 정원에 심느냐에 따라 공간의 인상도 크게 달라진다. 그래서 수형과 그로 인해 미묘하게 달라지는 인상까지 고려해 섬세히 꾸민 겨울정원을 만날 때면 매번 감동하게 된다. '이 정원은 정말 숨은 골격부터 아름답게 꾸몄구나!' 하는 생각이 드는 것이다.

처진계수나무.
가지를 편안하게 아래로
늘어뜨린 수형이다.

모감주나무. 가지 끝이 하늘을 향해
뻗어 올라가 상승감이 느껴진다.

모든 나무의
　　수형이 아름답다

그렇다면 어떤 나무의 수형이 아름다울까? 수형이 아름다운 나무는 많다. 아니 좀 더 정확히 이야기하면, 수형이 아름다운 나무가 따로 있다기보다 솜씨 좋은 정원사라면 나무가 보여주는 각각의 수형을 아름답게 연출할 줄 알아야 한다. 마치 솜씨 좋은 장인이 연장을 가리지 않듯 말이다. 낙엽수, 상록수, 꽃을 감상하기 위해 심는 나무, 열매를 감상하려고 심는 나무 등 어떤 이유로 심든지 마찬가지다. 수형은 그 나무의, 나아가 그 공간의 인상을 좌우하므로 내 공간에 심을 나무라면 모두 수형 선택이 중요하다.

아름다운 겨울정원에서는 덩굴지어 자라는 나무들, 토피어리로 다듬은 나무들, 전정을 통해 독특한 수형을 만든 나무와 같이 일반적이지 않은 모습들까지도 정원의 형태미를 더하는 데 활용한다. 오래된 돌담 위로 타고 올라간 등수국덩굴의 겨울 모습은 얼마나 운치 있는지! 과수나무를 이어 만든 아치나 차가운 회색 벽돌 위로 타오른 배나무의 격자 시렁 같은 요소도 겨울정원에서는 별스러운 멋이 된다. 결국 아름다운 수형은 정원사의 안목을 통해 재발견되고 다듬어진다. 훌륭한 정원사를 둔 겨울정원에서, 나무는 그 어떤 조형물보다 멋진 조형물이 된다.

과수나무로 만든 아치.

회색 돌담을 타고 올라간
배나무의 격자시렁.

줄기 \ 시간을 새긴 나무의 맨얼굴

나무의 얼굴, 나무줄기

겨울이 돼서야 진가를 보여주는 것 중 또 하나는 나무줄기다. 사람에게 얼굴이 있다면 나무에게는 줄기가 있다. 나무줄기를 얼굴이라 할 수 있는 것은 사람에게 얼굴이 그러하듯 나무가 외부의 모진 풍파를 제일 먼저 마주하는 곳이 줄기이기 때문이다. 또 그 사람이 누구인지 알아보려면 얼굴부터 보듯 나무도 보통 줄기를 함께 보아야 정확한 종을 알아볼 수 있다. 줄기가 나무의 얼굴이라면 나무껍질인 수피(樹皮)는 피부라 할 수 있다. 수피는 일차적으로는 나무줄기를 보호하기 위한 기관이다. 두꺼운 코르크층으로 이루어져 추위와 더위, 강한 햇살로부터 나무를 보호하고 타닌, 페놀 등의 화학물질을 집적해 해충이나 병균의 침입을 막는다. 수피를 관찰하다 보면 풍파를 견뎌낸 나무의 근육이나 상처가 회복된 흔적이 보이기도 한다.

겨울정원에서 무척 돋보이는 티베트벚나무. 구릿빛이 감도는 적갈색에 광택까지 나는 수피를 가졌다.

사람이 어릴 때 얼굴과 나이 든 얼굴이 다르듯, 나무줄기도 어릴 때와 나이 들어서의 모습이 다르다. 어린나무일 때는 줄기가 가늘고 매끈하지만 시간이 흐를수록 색깔이 탁해지고 갈라지며 터지거나 굴곡지고 수피가 너덜너덜 벗겨지기도 한다. 마치 주름살을 새긴 듯한 고목의 줄기에서는 그와 함께 흘러갔을 시간이 만든 깊이와 운치가 느껴진다. 겨울은 그렇게 세월의 때가 고스란히 묻은 나무의 맨얼굴을 마주하는 시간이다.

중국횐자자나무.
주름살을 새긴 듯한
고목 줄기에서
그와 함께 흘러갔을
시간이 만들어 낸
깊이와 운치가 느껴진다.

개성 있는
나무의 얼굴들

사람마다 생김새가 다른 것처럼 나무도 종류에 따라 개성 있는 줄기를 갖고 있다. 자작나무가 매끈하게 광택이 나고 새하얀 얼굴을 가졌다면, 감나무는 그물처럼 거칠게 갈라져 터진 흑갈색 얼굴을 하고 있다. 중국복자기가 너덜너덜 종잇장처럼 수피가 얇게 벗겨지는 붉은 얼굴이라면, 노각나무는 흡사 아메바 모양으로 떨어져 나간 수피 탓에 갈색 반점으로 얼룩진 얼굴이다. 왕벚나무는 나무줄기가 숨을 쉬기 위해 만든 피목*으로 인해 생긴 가로 줄무늬가 특징이라면, 개서어나무는 줄기가 굵어질 때 수피가 세로로 터지면서 만들어 낸 세로 줄무늬를 하고 있다. 나무마다 제각각 얼마나 다양하고 특징적인 수피를 갖고 있는지! 그래서 나무와 통성명 좀 해

* 皮目. 나무껍질에서 공기를 통하게 하는 조직.

본 경험이 있는 사람이라면 나무둥치의 수피만 보고도 그 나무가 무슨 종인지 충분히 알아보고는 한다.

그뿐 아니다. 제각각 다르게 생긴 나무줄기들이 얼마나 훌륭한 미적 가치를 지녔는지 모른다. 데이비드사피단풍이나 산겨릅나무 같은 단풍나무 종류는 녹색 바탕에 하얀 세로 줄무늬를 길게 새긴 얇은 수피를 지녔는데, 시간이 흐르면서 줄무늬가 가로로도 터져 얼룩덜룩한 독특한 무늬를 만든다. 마치 뱀 허물을 닮은 이 개성 있는 문양 때문에 영어로는 뱀허물단풍(Snake Bark Maple)이라고도 부르며 그 줄기를 감상하기 위해 일부러 정원에 심기도 한다. 은사시나무는 밴들거리는 하얀 수피에 회갈색 마름모 문양이 줄지어 새겨져 있다.

나무들의 다양한 수피를 관찰하고 있으면 마치 한 폭의 그림을 보는 것 같다. 그 무늬 때문에 아름다운 패턴화를 보는 것 같기도 하고, 세월의 흔적이 오롯이 새겨진 초상화를 보는 듯도 하다. 실제로 수피의 개성적인 문양에서 착안해 섬유나 벽지 패턴을 개발한 경우도 종종 있었다. 나무껍질의 무늬와 재질 등을 관찰하며 발견하는 아름다움은 겨울날 숲과 정원에서 만날 수 있는 큰 감동 중 하나다.

수피가 독특한 나무들

중국복자기 　　　 은사시나무 　　　 산딸나무

개서어나무 　　　 미국초피나무 　　　 코르크참나무

개벚지나무 　　　 자크몽자작나무 　　　 일본홍시닥나무 '에리스로클라둠'

수피가 돋보이게 연출하는 겨울정원

　수피가 아름다운 나무는 겨울정원에 포인트로 심기에 아주 좋다. 이때 단순히 수피만 보지 말고 수형을 함께 고려해 심는 것이 좋은데 다행스럽게도 수피가 아름다운 나무 중에는 수형이 아름다운 나무가 많다. 노각나무, 중국복자기, 티베트벚나무 같은 나무들이 수피도 아름답고 수형도 근사하다. 수피가 아름다운 나무를 정원에 심으면 그 자체로 개성 있는 볼거리가 될 뿐 아니라 마치 방에 예쁜 벽지를 바른 것처럼 근사한 분위기를 자아낸다. 특히 주변에 심은 식물들의 실루엣이 나무줄기에 겹쳐 보일 때, 수피는 그 식물들의 형태와 색상을 더욱 돋보이게 하는 좋은 바탕이 되어준다.

　수피가 아름다운 나무를 무리 지어 심으면 더 좋은 효과를 낼 수 있다. 영국의 앵글시애비정원은 겨울 산책로 끝에 자크몽자작나무를 가득 심어두었다. 약 20분 정도 구불구불 이어지는 산책로를 걸어 그곳에 다다르면 마치 작은 자작나무 숲에 들어간 듯한 느낌이 든다. 걷는 내내 다양한 식물이 보여주는 화려한 색상과 질감에 마음이 살짝 들떠있다가 새하얀 자작나무 숲을 만나면 누구라도 '와!' 하고 얕은 탄성이 터져 나온다. 자극적인 식사를 즐긴 후에 수정과 한 그릇으로 깔끔히 마무리한 것 같다고 할까.

　실제로는 아주 작은 나무 군락이지만 깊은 숲에라도 온 듯한 착각을 일으키는 것은, 같은 나무를 많이 모아 심었을

종잇장처럼 벗겨지는 적갈색 수피가 개성적인 히말라야벚나무. 이렇게 수피가 아름다운 나무들은 겨울정원에 포인트로 심기에 좋다.

때 나무의 선이 중첩되면서 만들어 내는 깊이감 때문이다. 특히 자작나무같이 수피가 아름다운 나무를 모아 심으면 효과가 더 크다. 일례로 미국의 스와스모어대학 부속 스콧수목원(The Scott Arboretum of Swarthmore College)에서는 산책로 중간에 중국복자기를 모아 심어 비슷하게 연출했는데, 그 붉은 숲을 지날 때면 마치 다른 장소로 순간이동이라도 한 것 같은 기분이 든다.

영국 앵글시애비정원의 겨울 산책로 끝에서 만나게 되는 자크몽자작나무 군락. 수피가 아름다운 나무를 무리지어 심으면 미적 효과가 더욱 크다.

어린가지

\ 겨울정원에
색채를 더하다

겨울 산을 물들이는 어린가지

가지 색깔이 겨울에 유난히 더 아름다워지는 나무들이 있다. 이런 나무들은 무채색 겨울정원에 색을 입히기에 좋은 소재다. 어떤 사람들은 나뭇가지들의 다양한 색상이야말로 겨울정원의 백미라고 말한다. 실제로 겨울정원의 경관을 연출할 때 색이 아름다운 나뭇가지를 감초처럼 활용하면 큰 효과를 낼 수 있다. 외국에서는 가지 색이 화려한 나무들만 모아 심은 별도의 정원을 꾸며 윈터가든을 대표하는 풍경으로 내세우기도 한다. 겨울 나뭇가지의 색상은 붉은색부터 주황색, 노란색, 녹색, 검은색, 흰색까지 생각보다 다양하다.

그중에서도 어린가지의 색깔은 특히 아름답다. 겨울날 숲을 산책할 때 나뭇가지를 중심으로 살펴보노라면 자란 지 일 년 미만 된 어린가지의 색깔이 유난히 화려한 나무들을 발견할 수 있다. 층층나무의 어린가지는 검붉은 색깔이 돋보

겨울정원을 고운 빛깔로 물들인 어린가지들. 왼쪽부터 흰말채나무 '시비리카'(빨강), 붉은말채나무 '미드윈터 파이어'(주황), 노랑말채나무 '플라비라메아'(노랑)를 심어 색상의 바림을 연출했다.

이는데 마치 커다란 마스카라로 쓱쓱 올려주기라도 한 듯 위로 향한 탄력적인 곡선이 매력적이다. 단풍나무 가지는 층층나무보다 밝은 붉은색을 띠며 붉은 정도가 나무마다 다르다. 어떤 것은 불그스름하고 어떤 것은 누런빛이 도는 붉은색이며 또 어떤 것은 녹색을 띤다. 특히 어린가지는 사슴 다리처럼 매끈한 모양에다 광택까지 있어 맵시 있어 보인다. 멀리서 숲을 바라보면 회갈색의 겨울 나무들 사이에서 어린가지의 화려한 색상이 더욱 선명해 보인다. 어느 겨울날에 단풍으로 유명한 내장산에 올랐다가 산 능선을 바라봤는데 그 주위가 온통 주황색으로 빛나 보였던 기억이 있다. 단풍이 지고 난 겨울 산이지만 단풍나무 가지가 산을 붉게 물들인 것이다.

어린가지의 색상이 화려한 이유

나뭇가지 색깔은 왜 겨울에 더 선명해질까? 일종의 단풍 현상이라고 생각하면 이해하기 쉽다. 단풍이란, 식물들이 날이 추워지면 광합성을 많이 하지 않아도 되는 겨울이 오는 것을 감지하고서 광합성에 필요한 녹색 색소들을 스스로 파괴해 몸을 가볍게 하는 현상이다. 녹색 색소가 사라지면 남겨진 다른 색소들이 존재감을 발휘해 잎이 노랗거나 빨갛게 물든다. 이는 비단 나뭇잎에서만이 아니라 나뭇가지에서 똑같이 일어나기도 한다. 가지 색이 화려한 나무들을 관찰해 보면

겨울 숲에서 쉽게 볼 수 있는 단풍나무 어린가지. 사슴 다리처럼 매끈한 모양에 광택까지 나 무척 멋있어 보인다.

대부분 여름에는 녹색을 띠고 있다가 겨울에 특유의 색깔로 변하는 것을 확인할 수 있다. 또 단풍나무나 흰말채나무처럼 겨울철에 수피 색깔이 아름다운 식물들은 대부분 가을 단풍도 빼어나다.

하지만 단풍을 이렇게 과학적인 현상으로만 이해하고 만다면 좀 아쉽다. 특히 왜 어떤 것은 빨갛고 어떤 것은 노랗고 또 어떤 것은 병이라도 든 것처럼 허연 분진이 묻은 모습을 하고 있는지, 무엇 때문에 유독 어린가지의 색상이 더 화려하고 개성 있게 물드는가에 대한 설명이 되지 않는다. 지금까지 들은 것 중에 가장 그럴듯해 보이는 설은, 겨울철 나뭇가지 색상이 일종의 보호색일지도 모른다는 것이다. 혹독한 추위 때문에 숲에 먹이가 부족해지면 초식동물들은 나무의 연한 어린가지를 잘라 먹거나 줄기 껍질을 벗겨낸 후 속의 부드러운 부분을 파먹는다. 그래서 나무들이 동물들의 공격으로부터 자기 몸을 지키기 위해 일부러 가지 색깔을 물들여 독이 있거나 병든 나무로 착각하게 한다는 것이다. 제법 그럴싸한 추론이 아닌가?

실제로 비슷한 연구 결과도 있었다. 단풍에 대한 연구인데, 나무에 단풍이 드는 이유 중 하나가 나무 스스로 자신을 보호하기 위해서라는 것이다. 이 연구에 따르면 동물들은 붉거나 노랗게 물든 나뭇잎을 잘 먹지 않는다. 자극적인 색깔 때문에 병이 들거나 영양가가 없다고 생각하기 때문이다. 또한 수피 색깔이 강렬한 나무에 독이 있다고 생각해서 곤충들

네군도단풍 '윈터 라이트닝'.

이 해를 덜 입힌다는 연구 보고도 있었다.

어린가지로
겨울정원을 채색하는 법

어린가지를 감상하기 위해 겨울정원에 심는 나무에는 어떤 것이 있을까? 가장 대표적인 것은 흰말채나무 종류이다. 붉은색이 선명한 흰말채나무를 비롯해서 노란색이 나는 노랑말채나무 '플라비라메아', 주황색에서 붉은색까지 다양한 색상 그러데이션을 보여주는 붉은말채나무 등등 흰말채나무 종류들은 겨울에 매우 다양하게 활용되므로 한 챕터를 따로 할애해서 써도 될 만큼 중요한 식물이다.

흰말채나무와 더불어 많이 활용하는 또 한 가지는 버드나무 종류다. 광택이 나는 주황색 가지가 아름다운 비텔리나 흰버들 '옐버튼'과 밝은 노란색 수피가 돋보이는 흰버들 '골든 네스' 같은 종류를 즐겨 심는다. 버드나무는 원래 크게 자라므로 상대적으로 키가 작은 흰말채나무와 섞어 정원을 입체적으로 연출하기에 좋다. 그밖에 단풍나무, 복분자나무, 황매화 종류도 어린가지의 색상을 감상하기 위해 사용한다. 말발도리, 고광나무같이 평범한 갈색 수피를 가진 나무도 어린가지일 때는 광택이 나는 고급스러운 밝은 갈색을 띠는데, 화려하지는 않지만 수수한 멋이 있다.

왼쪽부터 비텔리나흰버들 '옐버튼'(주황), 노랑말채나무 '플라비라메아'(노랑), 흰말채나무 '케셀링기'(적갈색). 어 린가지 색상을 활용하면 겨울정원도 이처럼 다채롭게 꾸 밀 수 있다.

어린가지로 겨울정원을 아름답게 채색하고 싶다면 특별한 전정 관리가 필요하다. 매년 봄, 원하는 기본 틀에 맞춰 전해에 자란 가지 중에 2~3마디만 남기고 모두 잘라주는 강전정을 해준다. 가지 색이 아름다운 나무들은 해마다 새로 자란 가지, 즉 어린가지에서 색깔이 가장 잘 발현되기 때문이다. 3~4년쯤 묵은 가지는 금방 퇴화하고 심지어 죽은 가지도 생겨나서 고유의 아름다운 빛깔을 감상할 수 없다. 겨울에 붉은 수피를 보겠다고 흰말채나무를 심었는데 막상 겨울이 되자 색상이 아름답게 물들지 않아 실망했다는 경우를 종종 보는데, 이는 관리 방법을 잘 몰라서 그런 것이다. 강전정으로 생명력이 좋은 새 가지가 계속 자라나게 관리한다면 겨울이 돌아올 때마다 화려한 색상의 어린가지를 감상할 수 있다.

그렇다고 매년 강전정을 해야 하는 것은 아니다. 나무 상태를 봐가며 1~3년에 한 번씩 해준다. 예를 들어 붉은말채나무 '미드윈터 파이어'는 3년에 1회 정도 전정하는 것이 적당하다. 해가 지나면서 나뭇가지 색깔이 변해 오래된 가지는 노란색으로, 새로 자란 가지는 붉은빛이 도는 주황색으로 자연스러운 그러데이션이 생겨 더욱 아름답게 연출할 수 있다. 물론 경우에 따라서는 전정을 하지 않고 자연 수형 그대로 이용하는 것이 좋을 때도 있다. 정원수를 관리하는 가장 좋은 방법은 세심한 관찰을 통해 나무 각각의 특성을 잘 이해하고 그에 맞게 관리해 주는 것이다.

복분자딸기로 겨울정원을 연출한 예. 겨울 숲에 가면 어린가지에 하얀 가루를 덮고 있는 복분자딸기의 자유분방한 덤불을 볼 수 있다(위). 그 모습에서 아름다움을 읽어낸 정원사가 영국 힐리어정원의 한 편을 콕버니아누스복분자딸기 '골든베일'로 꾸몄다(아래). 숲에서 자란 복분자딸기 덤불을 정원에 그대로 옮겨오고 그 밑에 잎이 검은 작은잎맥문아재비 '코쿠류'를 심어 복분자딸기의 하얀 수피를 더욱 돋보이게 했다.

열매 \ 온기를 품은 겨울나무의 꽃

식물 열매로 만든
  크리스마스트리

미국 필라델피아에 있는 롱우드가든의 정원사인 판도라는 해마다 11월이면 자원봉사자들과 함께 야생동물들을 위한 크리스마스트리인 야생동물나무(Wildlife Tree)를 만든다. 추운 겨울에 먹이가 부족한 야생동물을 위해 조, 수수, 콩 등의 열매를 활용한 장식물을 만들어 나무에 걸어주는 것이다. 만드는 시기는 11월이지만 봄부터 차근차근 재료를 준비해 둬야 한다. 마른 뒤에도 꽃처럼 아름다운 붓순나무의 열매 껍데기, 넓적한 주걱같이 생긴 등나무의 마른 열매 등 정원의 부산물들을 모아두었다가 각종 열매와 함께 장식물로 만들면 근사하다.

자연물을 엮은 장식물이라 수수하지만 겨울정원에선 특별한 볼거리가 된다. 특히 볕 좋은 오후면 야생동물나무 주변은 온 동네 새들이 몰려들어 지저귐으로 가득 찬다. 경계심

야생동물나무의 모이주머니에 날아와 앉은 새.

이 많은 새들은 옆 나무에 앉았다가 재빨리 트리에 걸린 열매를 채어 가는데 간혹 대범한 녀석은 아예 장식물 위에 자리를 잡고 앉아서 먹는다. 다람쥐는 나무에 올라타고 사방으로 뛰어다닌다. 정원을 둘러보던 사람들은 잠시 걸음을 멈추고 그 모습을 구경한다. 가만히 보고만 있어도 흐뭇해지는 풍경이다.

이렇게 겨울정원에 야생동물나무를 만들어 다양한 먹이를 걸어두는 것은 북미 가드닝의 작은 전통이다. 정원 가꾸기의 대모쯤 되는 타샤 튜더의 책에도 겨울철 야생동물을 위한 먹이 장식물 이야기가 나온다. 그런데 이런 나눔이 어디 그들만의 전통일까? 우리에게도 까치 먹으라고 열매를 다 따지 않고 몇 개 남겨두는 까치밥 풍습, 먹이를 찾아 마을 어귀까지 내려온 들짐승에게 곡식을 뿌려주다가 생겼다는 고수레 풍습이 있다. 춥고 배고픈 겨울일수록 함께 나누어야 한다는 것은 동서고금을 막론한 지혜였나 보다.

롱우드가든의 정원사 판도라가
야생동물나무를 장식하고 있다.

야생동물이
  같이 사는 정원

　겨울정원에 새들이 찾아오면 정적이던 공간이 돌연 동적인 공간으로 변한다. 살아있는 것은 모두 겨울잠을 자러 가고 고요한 정막만 감도는 듯한 겨울정원에서 새들만큼 생동감을 주는 요소는 없다. 다양한 새들의 지저귐과 날갯짓 소리, 나뭇가지에 날아와 앉거나 다시 떠날 때의 작은 휘청거림까지, 그 소리와 움직임으로 인해 정원에 생기가 돈다. 비단 새뿐일까. 눈밭 위에 이름 모를 동물이 남기고 간 작은 발자국을 볼 때면 얼마나 반가운지! 무인도에서 사람을 만난 기분이 이럴지도 모르겠다. 야생동물은 이렇게 정원의 또 다른 구성원이며, 야생동물과 함께하는 정원은 더욱 살아있는 생태 공간이 된다.

　야생동물이 찾아오는 정원을 만들기 위해서는 몇 가지 배려와 실천이 필요하다. 미국 야생동물협회(National Wildlife Federation)에서는 1973년부터 '뒤뜰 보금자리(Backyard Wildlife Habitat)'라는 이름으로, 집집마다 야생동물이 찾아오는 정원을 만드는 프로그램을 이어오고 있다. 이 프로그램을 통해 사람의 눈에만 아름다운 정원이 아니라 어떻게 하면 야생동물이 찾아오는 생태적인 공간으로 만들 수 있을지를 교육한다. 먹이, 물, 몸을 숨기며 쉴 수 있는 곳, 새끼를 낳아 기를 수 있는 공간, 이렇게 네 가지 요소를 제공할 수 있다면 여느 일반 정원도 충분히 야생동물을 위한 공간으로 거듭날 수 있다.

참느릅나무 열매. 화려하고 아름다운 것만
새의 먹이가 되는 것이 아니다.

새들이 목을 축이거나
몸을 씻을 때 사용하라고
준비해놓은 욕조.
물은 야생조류의 생존에
매우 중요한 요소다.

겨울에는 그 네 가지 요소를 갖추기가 더욱 어렵기 때문에 정원도 야생동물들이 머물기 쉽지 않은 공간이 된다. 야생동물을 위한 겨울정원을 만드는 것은 일단 마른 덤불을 베어 내지 않는 것에서부터 시작한다. 덤불은 추운 겨울날 새와 작은 들짐승들이 세찬 바람을 피해 몸을 숨기기에 좋은 쉼터이다. 그다음으로 야생동물에게 먹이를 제공할 열매 달린 식물을 다양하게 심는다. 열매 종류가 다양할수록 그것을 먹이로 삼는 야생동물이 많이 찾아올 것이다.

　겨울나무의 열매 중에는 유난히 빨간색이 많다. 낙상홍, 남천, 호랑가시나무가 대표적이다. 열매가 주황색이나 노란색, 보라색을 띠는 경우도 있지만 대부분은 붉은색을 바탕으로 한다. 나무 입장에서 이 빨간색은 생존을 위한 유혹의 색이다. 새들은 빨간색이나 주황색 같은 붉은색 계열을 좋아한다고 한다. 겨울나무의 열매가 빨갛게 익는 것은 멀리서도 새들의 눈에 띄어 그들에게 잡아 먹힘으로써 씨앗을 더 멀리까지 퍼트리고자 하는 생존본능 때문이다. 연유야 어떻든 붉은 열매는 사람들이 보기에도 예쁘다. 특히 겨울정원에서라면 너무도 귀한 색이지 않은가! 나무 열매는 어린가지와 함께 겨울정원에 생동감을 더하는 좋은 소재다.

겨울나무의 붉은 열매 구경하기

꽃사과나무 종류

루스쿠스 아쿨레아투스

유럽호랑가시나무 품종

가울테리아 포에피기

유럽호랑가시나무 품종

미국낙상홍 '윈터 골드'의 붉은 열매가 아름답다. 미국낙상홍은 겨울에 붉은 열매를 감상하는 대표적인 식물로 일반 낙상홍보다 열매가 훨씬 굵고 탐스럽게 열린다.

제 3 부

갈색을 사랑하라

마른 풀 \ 갈색은 겨울 색이다

갈색은
겨울에 완성된다

   흔히들 갈색이라고 하면 가을을 떠올릴지도 모르겠다. 갈색이라는 말부터가 '가을 색'의 줄임말 같다. 한데 자연을 관찰하다 보면 갈색은 가을이 아니라 겨울 색에 가깝다. 가을에 단풍이 드는 모습은 서서히 갈색이 되어가는 과정이다. 녹색이 서서히 옅어져 가는 9월의 잎에서 붉고 노란 10월의 단풍으로, 다시 점점 빛바랜 11월의 마른 잎으로 변해간다. 그리고 가을의 끝자락, 겨울이 시작될 무렵에야 나뭇잎은 비로소 편안한 갈색이 된다. 봄부터 가을까지 빛을 조금이라도 더 보려고 끝없이 꿈틀거렸던 풀들도 겨울에는 갈색이 된다. 젊은 날을 화려하게 불태우고 마침내 완숙의 경지에 이른 모습이랄까? 자연의 갈색은 겨울에 완성된다.

   갈색은 흙에 가까운 색깔이자 나무와도 비슷한 색깔이다. 생명의 순환을 떠올리게 하고 자연의 바탕색이기도 하다.

다양한 갈색으로 마른 풀들.

마치 수묵화의 먹색 같은 느낌이다. 모든 색이 소멸하지만 동시에 모든 색이 시작된다는 먹색처럼 정원에서 갈색은 근원의 색이다.

이토록 근사한 겨울 갈색을 대부분은 몰라본다. 특히 정원에서 갈색은 오랫동안 눈칫밥을 먹는 신세였다. 갈색이나 황색으로 마른 잎들이 정원의 미관을 해친다고 생각해서 치우기에 급급했다. 하지만 겨울날 마른 풀밭에 서보면 별다른 설명 없이도 갈색의 아름다움에 눈뜨게 된다. 정원사가 멋부려 더 채우지 않아도, 그저 자신의 생을 다하고 진 생명의 숭고함이 자아내는 그 잠잠한 아름다움에 할 말을 잃는다.

피트 아우돌프의
갈색 겨울정원

모두가 간과했던 갈색을 정원에 적극적으로 활용해 가치를 알린 사람이 있다. 네덜란드의 정원 디자이너 피트 아우돌프다. 조경 디자인 분야의 슈퍼스타로 여겨지는 그를 소개한 다큐멘터리의 첫 장면은 늦가을 정원을 바라보는 그의 그윽한 시선으로 시작된다.

"이 갈색의 정원에서 나는 아직도 아름다움을 찾고 있다."

그는 이렇게 말하며 갈색으로 마른 풀들을 쳐다본다.

피트 아우돌프가 디자인한 위슬리정원 초지정원의 겨울 풍경.

초원을 연상시키는 특유의 자연스러운 식재 방식으로 유명한 그가 디자인한 정원들은 특히 겨울 풍경이 아름답기로 정평이 났다. 어느 겨울, 피트 아우돌프가 디자인한 미국 맨해튼의 하이라인(High Line)공원에 가본 적이 있다. 화물용 고가도로를 공원으로 재탄생시킨 이 공중정원은 아우돌프의 대표작이자 그가 가장 아끼는 작품으로 알려져 있는데, 재미있게도 나는 그곳에 갔을 때 피트 아우돌프가 누구인지 몰랐다. 그저 20세기 공원 역사에 한 획을 그은 훌륭한 공원을 봐두겠다는 가벼운 마음으로 갔다가 진심으로 감동하고 돌아왔다.

도심 한복판을 가로지르는 고가 위에 그토록 근사한 갈색 초원이 있을 줄이야! 고가 너머로 보이는 낡은 벽돌 건물과 미끈한 맨해튼 도심, 마른 식물들로 채워진 풀밭이 선명한 대비를 이룬다. 왕복 한 시간 남짓의 산책로를 걸으며 갈색이 얼마나 근사한 색인지를 새삼 깨닫고, 마른 풀밭을 그대로 살린 겨울정원이 그토록 아름다울 수 있다는 사실에 크게 감명받았다. 그후 영국에서 찾아간 위슬리정원과 펜스솔프자연공원에서도 마찬가지였다. 피트 아우돌프가 디자인한 초지정원들은 식물의 마른 겨울 모습이 그대로 드러나 있었고, 나는 흔치 않은 정원 디자인을 관찰하느라 한참을 머물러야 했다. 이는 마치 거대한 드라이플라워 전시장을 보는 것과도 같았는데, 진작에 식물들의 마른 모습을 찬찬히 들여다보지 않았던 것을 후회하게 만들었다. 그가 디자인한 정원들은 한결

미국 맨해튼의 명물이 된 하이라인공원의 겨울 풍경.

피트 아우돌프가 디자인한 정원들은 겨울이면 마치 거대한 드라이플라워 전시장을 보는 듯하다.

같이 '갈색의 정원을 사랑하는 법을 배워보지 않겠느냐'고 내게 묻는 것만 같았다.

겨울까지 형태를 유지하는 식물들

겨울에 풀이 마른 모습이 모두 예쁘지만은 않다. 실력 있는 정원사라면 식물의 어떤 모습도 그대로 살려 적절한 곳에 활용할 수 있어야 하겠지만, 통일감 하나 없이 제각각으로 마른 초화류까지 잘 쓰기란 쉽지 않다. 마른 모습이 아름다운 식물도 있지만 흐물흐물해지거나 심지어 지저분해 보이는 경우도 있다.

피트 아우돌프는 식물을 겨울 모습에 따라 두 가지로 구분했다. 겨울에도 스스로 형태를 유지하는 식물(Structure Plants)과 보충해 채워줘야 하는 식물(Filler Plants)이다. 전자는 가을과 겨울까지 마른 모습 그대로 관상미를 유지하지만 후자는 여름이 지나면 형체가 흐물흐물해진다. 정원을 어떤 식물로 구성하느냐에 정답은 없지만 겨울까지 본모습을 잘 유지하는 식물의 비중을 높인다면 여러모로 나을 것이다. 예를 들어 피트 아우돌프가 디자인한 숙근초 정원은 형태를 유지하는 식물로 70퍼센트 정도를 채우고 나머지 30퍼센트는 보조적인 식물을 채워서 연출한다. 이렇게 하면 겨울을 위해 일부러 다른 식물을 심지 않아도 정원의 절반 이상이 본래

겨울까지 형태를 유지하는 풀들의 잘 마른 꽃대를 모아 화병에 담아놓기만 해도 계절감이 느껴지는 멋스러운 장식품이 된다.

엷은 노란색으로 말라 광택이 나는 동그란 열매가 꼭 동전 같아서 '동전 식물'이라고도 불리는 루나리아 아누아를 윈터가든에 활용한 모습.

형태를 유지한다.

겨울날 갈색의 마른 잎들로 채워진 정원을 어떻게 관리해야 하는지에 대해서도 정답은 없다. 다만 경험에 따르면 정원사의 감각이 매우 중요하다. 관상미를 잘 이해하는 것이 도움이 될 테고, 그러기 위해서는 식물들의 겨울 모습을 충분히 관찰해 두는 것만큼 좋은 준비가 없을 것이다.

겨울에도 형태를 유지하는 풀들

디프사쿠스 풀로눔

회향

아티초크

꿩의비름 '허브스트프로이데'

유카잎에린기움

부추 종류

에린기움 알피눔

산비장이

밥티시아

배초향

마른 그라스

\ 갈색 정원을 디자인하는
키 플레이어

정원에
그라스가 등장하다

가느다랗고 부드러운 선형의 잎, 특유의 부드러운 질감, 빛을 받으면 반투명하게 빛나는 안개꽃 같은 이삭들. 그라스 (Grass)는 한 번 그 아름다움에 빠지면 헤어 나올 수 없을 만큼 매력적이다. 하지만 우리에게는 아직 정원식물로서 생소하며, 가드닝이 발달한 외국에서도 그라스의 가치를 제대로 인정하고 즐겨 심게 된 것이 그리 오래되지 않았다. 한 100년 되었을까?

우선 그라스라는 용어부터 익숙지 않은 사람이 많을 것이다. 가드닝에서 관상용 그라스(Ornamental Grasses)라고 하면 '벼과, 사초과, 골풀과 등에 속하는 나란한 맥에 길쭉한 잎을 가진 외떡잎식물'을 일컫는다. 벼나 강아지풀 같은 풀을 떠올리면 이해하기 쉽다. 사실 생김새가 그놈이 그놈 같아서 관련 전공자가 아니고서는 종을 정확히 구분하기도 어렵고

바늘새풀 '칼 푀르스터'.
그라스가 가진 특유의
아름다운 선과 부드러운 질감을
잘 보여주는 식물 중 하나다.

흔히 '풀'이 아니라 '풀떼기'라는 표현으로 낮춰 부를 정도다. 하지만 요즘은 우리나라에서도 그라스의 아름다움을 새롭게 평가하고 정원에 심는 사례가 늘고 있는데, 그럴 수밖에 없는 것이 그라스는 특유의 아름다운 선과 부드러운 질감 때문에 정원에 심었을 때 탁월한 효과를 발휘한다.

그라스를 정원식물로 제대로 알아보고 본격적으로 보급한 사람은 독일의 정원사 칼 푀르스터(Karl Foerster)였다. 그를 전후로 가드닝의 역사가 달라졌다고 해서 '독일 정원의 칼 대제'라고 불릴 정도이며, 실제로 20세기 가드닝 분야에서 그가 미친 영향은 매우 컸다. 식물 육종가이자 혁신적인 정원사였던 그는 포츠담에 있는 자신의 정원에서 전 세계로부터 수집해 온 다양한 식물을 직접 길러보고 관찰하면서 정원에 심기 좋은 새로운 식물들을 발굴해 널리 보급했다. 또한 숙근초를 비롯한 다양한 식물이 자연스럽게 어우러진 풍경을 연출하는, 그만의 새로운 가드닝 양식을 창조하기도 했다.

그라스와 고사리(양치식물)도 그가 처음 정원에 보급한 식물들이었다. 그전에 정원들은 주로 꽃에 집중해 볼거리를 만들었기에 그라스와 고사리는 정원식물로서 그다지 주목받지 못했다. 하지만 푀르스터는 이 식물들을 정원에 활용하면 얼마나 큰 효과를 내는지 알아챘다. 이들이 이웃한 식물들의 멋스러움을 더욱 돋보이게 하는 정원의 특급 조연이라는 것을 말이다. 실제로 그라스와 고사리는 꽃이 화려하지 않은 계절과 계절 사이, 식물을 채운 공간과 공간 사이의 공백을 절

그라스 종류는 작은 이삭들이 빛을 받아 반투명하게 반짝일 때의 모습이 참 아름답다.
겨울정원을 디자인할 때 빛의 각도와 방향까지 신경 써야 하는 이유다. 사진은 억새.

묘하게 채워주는 아주 고마운 존재다.

1957년에 출간된 푀르스터의 저서《정원에 그라스와 고사리 활용하기(Einzug der Gräser und Farne in die Gärten)》는 두 식물군을 소개한 명저로 아직까지도 많은 정원사들이 읽어본다. 1940년대에 푀르스터가 알린 그라스 목록이 이미 100가지가 넘었다는 것만 봐도 그가 새로운 식물의 발굴과 보급에 독보적인 인물이었음을 짐작할 수 있다. 그 전에는 고작 물대, 팜파스, 억새, 수크령 정도만이 정원에 제한적으로 활용되고

123

가는잎나래새. 흔히 '털수염풀'이라는 이름으로 더 유명한 그라스로, 질감이 매우 부드러워 무리 지어 심으면 주변의 다른 식물들을 부드럽게 감싸주고 식물 각각의 모습을 더욱 돋보이게 한다.

있었는데, 그의 노력 덕분에 정원에 심을 수 있는 그라스의 종류와 양이 어마어마하게 늘어났다.

대지의 머리카락,
그라스의 매력

'그라스는 지구의 머리카락이다. 지금까지 정원 속의 지구는 삭발한 상태였다.'
'(그라스들이) 정원에 이제 막 진출했기 때문에 이들이 정원에 미치는 영향은 아직 미지수다. 그라스가 지닌 매력은 정말이지 마법의 영역에 속한다. 여인의 아름다운 머리카락이 뿜어내는 매력과도 흡사하다고나 할까.'

그라스의 매력을 이보다 더 절묘하게 표현할 수 있을까? 칼 푀르스터는 그라스를 머리카락에 비유했다. '대지의 머리카락'이라는 표현은 상당히 설득력이 있다. 실제로 많은 관상용 그라스들이 겨울철에도 그 형태를 유지하며 정원을 채우는 것은 물론이고 겨울정원에 볼륨감을 더한다. 뻣뻣하게 마르지 않고 긴장을 푼 듯 유연한 형태와 부드러운 질감으로 겨울에도 생생히 살아있는 것처럼 보여서 생명력을 표현하기에 그만이다. 그래서 마르거나 탈색됐다는 이유로 그라스를 매몰차게 잘라낸 겨울정원을 볼 때면 정말이지 정원이 삭발이라도 한 것처럼 삭막하고 허전해 보인다. '그라스를 그대로 남겨둔 채 더 잘 활용할 수는 없었을까?' 곱씹어 보게 된다.

그라스는 겨울정원에 다양한 모습으로 연출할 수 있다. 위 사진은 대표적인 그라스 종류인 억새를 다른 여러 식물과 함께 심은 모습이고, 아래는 가는잎나래새를 겨울용 화분에 심은 것이다.

갈색 정원의 일등공신, 마른 그라스

　실제로 훌륭한 겨울정원들은 그라스를 아주 잘 활용한다. 지난겨울 영국 펜스솔프자연공원에서 피트 아우돌프가 디자인한 또 하나의 정원인 밀레니엄정원을 찾았다. 갈색의 마른 초화류들이 중첩되어 층을 이룬 모습이 너무나 아름다워서 한참을 구경하다가 "유레카!" 하고 무릎을 쳤다. 겨울정원에서 그라스의 역할을 똑똑히 확인한 것이다. 층마다 미묘하게 달라지는 마른 초화류와 그라스의 색상 배치가 갈색의 농담을 표현한 듯한데, 마치 갈색을 고유하게 표현해서 '반다이크 브라운'이라는 특별한 용어를 만들어 낸 중세 화가 반다이크의 섬세한 붓질을 보는 것 같달까?

　갈색 중에서도 그라스의 갈색은 밝고 부드러운 색이다. 그에 비하면 다른 초화류의 마른 모습은 상대적으로 검은 편이고 질감도 거칠어 확연한 대비를 이룬다. 그라스로 한 층을 채운 뒤 그 앞에 노루오줌이나 꿩의비름 같은 형태감 있는 식물을 심으면 실루엣이 더욱 도드라져 보인다. 아마도 바탕에 그라스가 없었다면 매혹적인 갈색 농담을 살리지 못했으리라. 여름날의 정원에서 녹색이 다 같은 녹색이 아니듯 겨울정원에서도 갈색이 다 같은 갈색은 아니다. 정원이라는 화판에 겨울의 섬세한 아름다움을 잘 담아내고 싶다면 갈색의 차이를 읽고 표현할 줄 알아야 한다. 그중에서도 그라스의 갈색은 매우 중요한 바탕색이라는 점을 기억하도록 한다.

영국 펜스솔프자연공원 내 밀레니엄정원. 제각각 다른 갈색으로 말라가는 초화류들이 중첩되어 층을 이룬 모습에서 바탕색 역할을 하는 그라스의 중요성을 실감할 수 있다.

큐왕립식물원 그라스원의 겨울 모습.

마른 나뭇잎

\ 마지막 잎새까지
정원에 담다

봄까지 버티는
　마지막 잎새의 비밀

　마른 나뭇잎을 늦은 봄까지 달고 있는 나무들이 있다. 대표적으로 상수리나무나 떡갈나무 같은 참나무 종류가 그렇고 감태나무나 비목나무 같은 녹나무과 나무들도 그렇다. 복자기도 갈변한 잎을 너덜너덜 달고 있고 너도밤나무나 서어나무 종류도 그런 경우가 있다. 낙엽수들은 나뭇잎을 떨구고 빈 가지로 겨울을 맞는 것이 일반적인데 이 나무들은 겨우내 마른 갈색 잎을 달고 있다가 이듬해 봄 새순이 돋아날 때가 돼서야 잎을 떨군다.

　처음에는 '나무들이 병에 걸리거나 생리적 이상이 있는 게 아닐까?'라고 생각했다. 그런데 해를 거듭하며 관찰해 보니 특정 종류 나무들에서 공통적으로 그런 현상이 나타나며, 전문용어로는 조위성(凋萎性)이라고 부르는 식물 생리현상이라는 것을 알게 되었다. 조위성이란 잎이나 꽃잎 등이 시들

참나무 종류의 마른 나뭇잎.
참나무를 비롯해
조위성을 띠는 나무들은
겨우내 마른 나뭇잎을
가지에 매달고 있다.

기는 하지만 떨어지지 않는 현상이며 여러 가지 이유로 여러 부위에서 발생한다.

날이 추워지기 시작하면 낙엽수들은 겨울이 올 것을 직감하고 월동하기 위해 잎을 떨굴 준비를 한다. 휴면 호르몬인 ABA가 식물의 몸에 축적되고, 잎자루와 줄기 사이에 떨켜 혹은 탈리층이라고 부르는 세포층이 생기며, 그 둘을 잇던 통로에 전분이 쌓이면서 물과 양분의 통행이 막힌다. 이 탈리층이 충분하게 성숙했을 때 자연스레 그 자리에서 잎자루가 떨어져 나가며 낙엽이 진다. 그런 준비를 충분히 하기 전에 갑자기 강추위가 오면 나무는 미처 죽은 잎을 떨구지 못한 채 겨울을 나는, 일종의 생리적 이상으로 인한 조위성을 겪기도 한다. 그런데 앞서 이야기한 나무들은 환경적 조건과 상관없이 가을에 탈리층을 만들지 않고 이듬해 봄에 새잎이 날 때가 돼서야 탈리층을 만드는 재미있는 나무들이다.

일부 나무들이 왜 이런 특징을 갖게 되었는지는 정확한 이유가 밝혀지지 않았다. 다만 세 가지 정도로 추론하고 있다. 우선, 사슴을 비롯한 초식동물로부터 제 몸을 보호하기 위해서라는 것이다. 이는 앞서 어린가지의 색상이 화려한 것과 같은 이유로 이해하면 된다. 예전에 겨울 숲에서 갈변한 잎을 너덜거리며 달고 있는 복자기를 보고서 병들어 죽은 것이라고 착각한 적이 있는데, 동물들도 아마 같은 생각을 하지 않을까? 겨울에도 식물의 새순처럼 더 맛있고 영양가 높은 부위를 귀신같이 찾아서 먹는 사슴과 고라니인데 병들거

겨울에도 잎을 떨구지 않는 유럽너도밤나무의 특성을 활용해 갈색 원기둥 형태의 조형물을 만든 윈터가든.

나 영양이 부족해 보이는 나무를 탐낼 리 없다. 조위성 현상이 주로 어린 나무에서 일어나며, 성숙한 나무인 경우 줄기 아래쪽에 난 가지 등 동물들로부터 공격 받기 쉬운 위치에서 발생한다는 점은 이런 추론을 뒷받침한다.

　겨우내 떨어지지 않은 잎이 나뭇가지의 물리적 손상을 막아준다는 주장도 있다. 나뭇가지에 눈이 너무 많이 쌓이거나 건조한 겨울바람에 수분이 다 마르는 것을 예방하는 일종의 조절 장치라는 거다. 또한 나뭇잎이 이듬해 봄까지 더 오래 매달려 있다가 떨어지면 나무가 뿌리에 양분과 수분을 오래도록 공급할 수 있다는 의견도 있다.

유럽너도밤나무로 이렇게
미로 같은 수벽을 만들기도 한다.

죽은 잎새가 살린 겨울정원

겨우내 매달려 있는 마른 나뭇잎을 보면 오 헨리의 유명한 소설 《마지막 잎새》가 떠오른다. 폐렴에 걸려 사경을 헤매는 주인공이 옆집에 사는 노화가가 밤새 벽에 그려놓은 나뭇잎을 보며 삶의 희망을 되찾는 이야기 말이다. 실제로 미적 가치와 생태적인 가치를 모두 지닌 겨울정원의 마지막 잎새에서도 그런 희망을 읽을 수 있다. 소설의 감동까지는 아니더라도 긴 겨울을 버텨낸 마른 나뭇잎은 우리에게 작은 뭉클함을 선사한다.

정원 문화가 발달한 외국에서는 마른 나뭇잎을 겨울정원에 잘 활용해 왔다. 가장 많이 볼 수 있는 형태는 유럽너도밤나무를 생울타리로 이용하는 것이다. 유럽너도밤나무는 마른 잎을 달고 겨울을 나는 대표적인 나무이며, 이 나무를 생울타리로 활용하면 겨울에 갈색 수벽을 연출할 수 있다. 겨울철 수벽이라고 하면 주로 주목이나 회양목을 활용한 상록성 수벽을 생각하기 쉬운데, 마른 잎이 잔뜩 달린 유럽너도밤나무가 만들어 내는 갈색 수벽은 독특한 매력이 있다. 펜실베이니아대학 부속 모리스수목원에서는 감태나무의 변종인 뇌성목을 한 테마정원 둘레에 심어놓았는데, 겨울날 그곳에 들어갈 때면 뇌성목의 갈색 잎으로 빼곡히 둘러싸이는 느낌에 압도당하고 만다. 게다가 뇌성목은 단풍이 아름다워서 가을날에는 더 환상적이다.

펜실베이니아대학 부속 모리스수목원의 한 테마정원.
겨울에 뇌성목의 갈색 잎으로 빼곡히 둘러싸인 공간에
들어서면 색다른 멋이 느껴진다.

여름날의 모습을 그대로 간직한 채 잘 마른 수국의 꽃대, 복슬복슬한 털이 달린 클레마티스의 열매, 얇고 긴 자루 끝에 동그랗게 달린 모습이 정교해 보이는 피나무 열매 등, 겨울정원에는 이미 죽었다고 생각해서 홀대했던 아름다운 것들이 참 많다.

겨울날 앙상한 꽃대 위의 마른 목화 열매를 본 박노해 시인은 '목화는 두 번 꽃이 핀다'고 노래했다. 겨울정원을 가꾸는 정원사의 마음도 시인과 다르지 않다. 나무가 죽은 잎을 떨구지 않는 특이한 자연현상조차 놓치지 않고 정원에 되살려 내는 일. 겨울정원을 살아 숨 쉬게 만드는 힘은 자연에서 어느 하나도 허투루 넘기지 않는 정원사의 섬세한 눈과 마음에 달려있다.

갈색으로 마른 잎 · 꽃대 · 열매들

산수국의 마른 꽃과 열매

부용 열매

유럽너도밤나무 잎

피나무 종류의 잎과 열매

나무수국 종류의 마른 꽃과 열매

가침박달 열매

클레마티스 종류의 열매

제 4 부

'늘 푸른' 것들의 소중함

상록침엽수

> 겨울에
> 더욱 빛나는
> 푸르름의 가치

참을성 많은 침엽수

흔히들 '솜털같이 가벼운 눈'이라 표현하지만 그 가벼운 눈도 켜켜이 쌓이면 상황이 좀 달라진다. 특히 수분을 많이 머금은 습설은 더 무겁다. 겨울치고 날씨는 푸근한데 하늘이 끄물끄물 하다면, 이런 날은 꼭 물기를 머금은 습설이 내린다. 묵직한 눈발이 허공을 가르며 내려와 나뭇가지에 차곡차곡 쌓이면, 눈을 두툼하게 이고 선 나무들이 힘들어 보이지만 동시에 아름답기도 하다.

그중에서도 가문비나무나 구상나무같이 뾰족한 바늘잎에 길쭉한 원뿔형 수형을 가진 침엽수들은 눈 내린 풍경과 각별히 잘 어울린다. 상록침엽수 위에 눈이 쌓인 모습을 가만히 보면 참 재미있다. 눈의 무게를 버티려고 팽팽해진 나뭇가지는 흡사 바짝 당겨진 활시위를 보는 것만 같다. 시야를 넓혀 나무 전체를 보면 눈 때문에 처진 가지가 눈에 들어온다.

다양한 침엽수를 수집해 놓은 침엽수원의 일반적인 풍경. 침엽수라고 하면 소나무를 비롯해 몇 가지 대표적인 종을 떠올리기 쉽지만 우리가 정원에 활용할 수 있는 관상용 침엽수는 생각보다 훨씬 다양하다.

나무로서는 힘겨운 순간이겠으나 한편으로는 어깨에 힘을 빼고 양팔을 차분히 늘어뜨린 모습 같아 편안해 보이기도 한다.

침엽수는 혹독한 겨울에 살아남기 위해 추위에 적응한 식물이다. 생존 경쟁에서 밀려 활엽수에게 따뜻한 온대지방을 내어주고 주로 한대지방에서 살고 있지만 공룡이 살던 옛날에는 양치식물과 함께 전 지구를 넓게 덮고 자랐다. 침엽수가 한대지방에서 살기 시작하면서 생존 전략으로 선택한 것이 '원뿔형의 수형'과 '늘 푸른 잎'이다. 눈이 며칠씩 내리기도 하는 한대지방에서 그 무게는 식물에게 큰 위협이 된다. 상록 침엽수들은 눈의 무게에 눌려 가지가 부러지지 않도록 원뿔형으로 생겨서 효율적으로 눈을 떨구어 낸다. 침엽수가 겨울에 푸른 잎을 달고 있는 데도 다 이유가 있다. 긴 겨울에 비해 여름이 너무 짧은 한대지방에서는 에너지를 많이 들여 매해 잎을 새롭게 만들기보다 이전의 잎들을 단 채로 겨울을 버티는 것이 유리하다. 심지어 가문비나무의 잎은 수명이 15년 정도나 된다고 한다. 그러고 보면 침엽수들은 참 참을성이 많은 나무가 아닌가! 아니, 똑똑한 나무라고 해야 할까?

눈이 많이 내리는 날이면, 수목원에서는 정원을 돌며 침엽수 가지 위에 쌓인 눈을 털어주는 작업을 한다. 애써 기른 나무가 폭설에 상하지 않기를 바라는 노파심에서 하는 일이지만, 의연하고 영리한 침엽수들은 구태여 사람이 눈을 털어주지 않아도 이제껏 그래왔듯 제 스스로 잘 이겨낼지도 모르겠다.

캐나다 온대우림에 눈이 내리는 풍경. 이 숲을 우점해 자라는 미송(*Pseudotsuga menziesii*), 시트카가문비나무(*Picea sitchensis*), 이엽솔송나무(*Tsuga heterophylla*) 등은 하늘을 찌를 듯 매우 뾰족한 원뿔 모양으로 자란다. 이 지역은 일 년에 눈이 수십 미터씩 쌓일 만큼 많이 내리는데, 나무에게는 큰 위협이 되는 눈의 무게를 효율적으로 떨구어 내기 위해 진화한 형태가 바로 '원뿔형 수형'이다. 무심히 보았던 눈 내리는 풍경 속에 썩 잘 어울리는 침엽수의 모습에는 그런 오랜 속사정이 있었다. (사진제공: 최성연)

침엽수로 연출하는
겨울정원

옛말에 '추운 겨울이 돼서야 소나무와 잣나무의 푸름을 안다'고 했다. 그만큼 침엽수는 겨울에 돋보이는 식물이다. 겨울정원에 침엽수를 활용하는 방법은 여러 가지가 있지만 그중 대표적인 것이 울타리로 심거나 포인트가 될 만한 곳에 심는 것이다. 침엽수 울타리는 정원을 깔끔하고 힘 있게 정돈하고 다른 식물들이 돋보이게 한다. 또 시선을 끌어야 하는 중요한 장소에 형태가 재미있거나 색상이 아름다운 침엽수를 심으면 멋진 포인트가 된다.

미리 알아둘 점은 침엽수 종류가 생각보다 훨씬 다양하다는 것이다. 흔히 침엽수라고 하면 소나무를 비롯해 대표적인 몇 가지를 떠올리기 쉽지만 우리가 정원에 활용할 수 있는 관상용 침엽수는 생각보다 품종이 다양하다. 그 품종들이 가진 제각각의 특징을 이해하고 구분해 심는다면 정원을 더욱 개성 있게 꾸밀 수 있을 것이다.

침엽수는 크게 대형 침엽수와 작게 자라는 왜성 침엽수로 구분한다. 삼나무나 가문비나무처럼 20미터 이상 큰 키로 자라는 대형 침엽수는 정원 뒤쪽에 심으면 훌륭한 배경이 된다. 중간 크기나 왜성으로 자라는 침엽수 품종은 작은 정원의 안쪽에 포인트로 심으면 좋다. 또 침엽수의 형태는 직립형, 구형, 늘어지거나 바닥에 깔리며 자라는 것까지 크게 세 가지로 구분할 수 있다. 로키향나무 '스카이로켓'이나 구상나무는

은청가문비나무 '호오프시'.

주목으로 만든 녹색 수벽이 비밀스러운 공간감을 만들어 낸다.

길쭉한 원뿔 형태로 자란다. 화백 '스노우'나 편백 '나나 루테아'는 동그란 구형으로 자라며, 눈향나무나 고산향나무 '블루스타'는 늘어지거나 바닥에 깔리며 자란다. 형태를 더 세세하게 나눌 수도 있지만 이렇게만 구분할 줄 알아도 겨울정원을 개성 있게 디자인하는 데 도움이 될 것이다. 정원을 꾸미기에 특별히 더 좋은 형태는 없다. 침엽수를 멋지게 연출한 정원들을 보면 각각의 나무가 가진 형태적 특징을 적절한 곳에 잘 활용했을 뿐이다.

침엽수 색상은 녹색, 파란색, 노란색까지 크게 세 가지로 구분할 수 있다. 상록수는 기본적으로 녹색을 띠지만 다 같은 녹색이 아니다. 특히 은청가문비나무, 화백 '블러바드'와 같은 나무는 서리꽃이 핀 듯 신비로운 푸른빛이 돌고, 황금실화백은 귀티 나는 화사한 황금빛이다. 역시나 특정 색상의 침엽수가 정원 꾸미기에 특별히 더 좋은 것은 아니다. 솜씨 좋은 정원사는 식물을 편애하지 않고 적재적소에 어울리게 배치할 수 있어야 한다.

침엽수의 형태

서양주목 '파스티기아타'.
원기둥처럼
직립하는 수형이다.

구형의 수형을 가진 황금실화백.

연필향나무 '그레이 오울'. 바닥에 깔리며 자라는 형태다.

침엽수의 다양한 잎 색깔

반들애리조나쿠프레수스 '블루 아이스'

삼나무 종류

금백 '윈스턴 처칠'

구상나무 '실버로크'

서양주목 '아이시클'

시베리아눈측백

상록성 풀

\ 사라지지 않은
녹색을 찾아서

외국 정원의
   늘 푸른 잔디밭

　유럽이나 북미 정원들에서 가장 부러운 것은 늘 푸름을 유지하는 잔디밭이다. 사계절 푸른 상록성 잔디는 겨울정원을 싱싱하고 촉촉하게 채워준다. 넓은 녹색 바탕을 배경으로 한 영국의 윈터가든들은 도저히 겨울 풍경 같지 않아서 정원사라면 누구나 부러워할 것이다. 하지만 안타깝게도 이 상록성 잔디를 우리나라 기후에서 기르기는 상당히 까다롭다.

　외국에서 왔다고 해서 흔히 '양잔디'라고 통칭하는 상록성 잔디는 한지형 잔디인데 우리나라보다 여름이 더 서늘하고 건조하며 겨울은 덜 춥되 습도가 더 높은 지역에서 잘 자란다. 특히 고온다습한 여름 환경에 취약해서 우리나라에서는 장마철을 지나면서 생육이 안 좋아지고 쉽사리 병충해를 입어 녹아버리기 일쑤다. 어찌어찌 여름을 나더라도 춥고 건조하면 잎이 갈변한 채로 월동하기 때문에 영국에서 보던 싱

미국붉나무 주변으로 개맥문동을 심어 기른 모습. 개맥문동의 녹색 잎은 질감이 매우 부드럽고 맥문동보다 추위에 강해 겨울에 더 싱그러워 보인다.

그러운 초록의 상태로는 감상할 수 없다. 비단 잔디뿐이랴. 기후가 맞지 않아 우리나라에서는 제대로 기르기 어려운 상록성 식물이 많다.

그런 아쉬움 때문인지 우리나라 겨울정원에서 싱그러운 녹색이 가지는 힘은 참 크다. 특히 지표면을 녹색으로 채우는 상록성 지피식물*은 겨울정원의 분위기를 좌우한다. 온대지방에서 사는 초본들은 대부분 추운 겨울에는 지상부가 말라 죽고 뿌리로만 월동하는데, 그러다 보니 우리나라의 겨울 화단들은 말라 죽은 풀들이 잘 정리되지 않은 채로, 혹은 그냥 맨땅인 상태로 겨울을 날 때가 많다. 그 모습이 겨울정원을 더 춥고 삭막하게 만든다. 하다못해 바닥을 마른 잎으로 덮어주거나 우드칩이나 볏짚, 부엽토 같은 것으로 두껍게 감싸주기만 해도 훨씬 나아 보일 텐데. 더욱이 화단을 덮은 것이 생생한 녹색이라면 어떨까? 더욱 보기 좋을 것은 두말하면 잔소리다.

겨울날에도 푸른 풀을 찾아서

겨울에도 푸른 풀 중에 대표적인 것은 사초(莎草, *Carex* sp.)류다. 사초는 벼과나 골풀과 식물들과 함께 앞서 소개했던 관상용 그라스의 한 종류다. 가느다란 잎이 반구형 포기로 풍성하게 자라 늘어진 모습이 잡초와 비슷해서 자세히 보지

• 地被植物. 낮게 자라며 땅 표면을 뒤덮는 식물을 통칭한다.

큰꿩의밥 '아우레아'(노랑)와 작은잎맥문아재비 '코쿠류'(검정) 등
색상이 다른 상록성 풀을 섞어 심으면 강한 색상 대비가 느껴진다.

반음지 화단에 상록성 고사리, 헬레보루스 등의 풍성한 녹색을 채워 겨울인데도 덜 추워 보인다.

다양한 상록성 풀과 관목으로 겨울 같지 않은 풍성함이 느껴진다. 삼지구엽초, 빈카, 에리카, 설강화, 헬레보루스, 레우코토이 폰타네시아나 '레인보우' 등으로 화단 아래를 채워주었다.

않으면 이름 없는 들풀인 줄 알고 대충 넘기게 된다. 하지만 사초는 훌륭한 관상용 식물인 데다 푸른 상태로 겨울을 나는 것도 있어 정원에 활용하기 좋다. 대표적인 것은 오시마사초, 머로위사초, 애기사초 등이다.

일본이 원산지인 오시마사초와 머로위사초는 다양한 무늬종 품종이 있어 정원에 많이 활용되며 우리나라 중부지방에서도 충분히 월동할 수 있다. 특히 오시마사초 '에버골드'와 머로위사초 '바리에가타'처럼 잎에 노란색이나 미색 무늬가 들어간 것은 밝은 색깔로 겨울정원을 화사하게 만든다. 우리나라 남부지방 일부와 일본에서 자생하는 애기사초는 아담한 크기로 자라며 잎 선이 곱고 아름다운데, 특히 '스노우라인' 품종은 하얀 무늬가 있어 멀리서 보면 살짝 눈을 맞은 듯 신비로운 느낌이 난다. 추위에 꽤 강해서 중부지방에서도 매우 싱싱하게 자란다.

잎이 넓은 초본 중에도 상록으로 겨울을 나는 종류가 꽤 있다. 아룸 이탈리쿰이나 헤데리폴리움시클라멘은 겨울에 잎이 무척 돋보이는 식물이다. 광택이 나는 가죽질 잎에 개성적인 무늬까지 있어 고급스럽다. 이 식물들은 신기하게도 한창 자라야 할 여름에는 잎이 없다가 가을이 돼서야 잎이 나오고 겨울을 푸르게 난다. 둘 다 지중해에서 온 알뿌리식물로, 지중해의 덥고 건조한 여름을 버티고 살아남기 위해 땅속에서 알뿌리 상태로 여름잠을 잔다. 이후 서늘한 가을에야 비로소 생육을 시작하고 그 덕분에 겨울에 싱그러운 모습을 볼 수 있다.

북미가 원산지로 잎 모양과 색상이 다양해 정원에 많이 심는 휴케라(*Heuchera* sp.) 종류나 유라시아의 높은 산지에서 주로 자생하며 배춧잎처럼 넓적한 잎이 탐스럽고 매력적인 꽃돌부채 종류도 겨울에 푸르다. 하지만 이 식물들은 잎 색깔이 조금 변하긴 한다. 살짝 단풍이 든 것 같기도 하고 약하게 냉해를 입었다고도 볼 수 있다. 추위가 아주 심할 때는 절반쯤 마른 반상록 상태가 되거나 완전히 갈변하기도 하는데, 대부분은 추위에 살짝 놀란 듯한 모습으로 겨울을 난다. 상록성 풀치고는 생기를 잃은 색상이지만 어떤 정원사들은 오히려 독특한 빛깔이라 정원을 꾸미기에 좋다고 한다.

심지어 겨울에 더 푸름이 짙어지는 그라스 종류도 있다. 고급스러운 은청색이 도는 잎 때문에 은사초라고도 부르는 블루페스큐 '엘리야 블루'가 대표적인 예다. 실제로는 사초과가 아니라 벼과에 속하는데, 원래 추운 지방에서 자라는 한지형 그라스이다 보니 추운 계절이 시작되어도 싱그러움이 전혀 줄지 않는다. 이런 한지형 잔디 종류는 겨울보다 과습한 여름 환경을 더 조심해야 한다.

생각해 보면 추운 겨울에 상록으로 버티는 식물들이 있다는 것 자체가 참 신기한 일이다. 그 식물들이 겨울을 나는 모습을 하나하나 관찰하거나 상록으로 버티게 된 사연을 알아가는 것도 재미있다. 우리나라 토종식물 중에도 잘 관찰하면 흥미로운 상록성 풀이 꽤 많다. 울릉도의 눈 덮인 겨울을 푸르게 나는 섬바디, 해풍이 불어오는 언덕배기를 풍성한 잎으로 덮고 자라는 밀사초, 맥문동보다 싱싱하면서도 가는 잎으로 더 부드러운 질감을 보여주는 개맥문동, 제주도 바닷가 돌 틈새에서 자라는 암대극이 그렇다. 겨우내 자연의 숲을 잘 관찰해 이런 식물을 발견하고 조심스레 정원으로 초대해보는 일은 정원사들에게 참으로 가슴 뛰고 희열 넘치는 경험이다. 발 빠른 외국의 정원들에서는 이미 밀사초에 흰 줄무늬가 들어간 사초 '페더 폴스'나 줄무늬가 아름다운 개맥문동 '긴류' 같은 우수 품종을 선발해 활용하고 있다.

잎 색깔이 변한 단풍매화헐떡이풀. 추위에 살짝 놀라 생기를 잃은 듯한 모습이지만 보는 관점에 따라 오히려 겨울과 잘 어울리는 독특한 빛깔이라 여길 수도 있다.

원래 추운 지방에서 자라는 식물인 블루페스큐 '엘리야 블루'는 겨울이 시작되어도 싱그러움을 잃지 않는다.

다양한 형태의 상록성 풀들

맥문동 '골드밴디드'

옥소니아눔제라늄 '에이티 존슨'

라미움 마쿨라툼 '화이트 낸시'

코만스사초

오리엔탈양귀비

헤데리폴리움시클라멘 품종

마르티니대극 '애스코트 레인보우'

상록활엽수 \ 변하지 않는 것에 대한 짧은 사색

원터가든은
　상록수 정원이었다

　영국에 원터가든이 처음 만들어진 것은 1951년 케임브리지대학식물원에서였다. 역사상 첫 원터가든을 선보인 지 20여 년이 지난 1978년, 케임브리지대학식물원은 그 정원을 리모델링하기로 결정한다. 그간의 연구를 바탕으로 단순히 식물 수집을 넘어 디자인적으로 완성도가 높고 생태적으로도 훌륭한 정원을 만들고자 했고 결과는 성공적이었다. 당시에 리모델링한 정원 형태가 50년 가까이 지난 오늘날까지 이어져 원터가든의 교과서처럼 여겨지고 있다.

　영국 원터가든의 역사를 들을 때마다 놀라운 것은 하나의 정원 양식이 만들어진 후로 꾸준히 변형되고 발전해 왔다는 점이다. 70여 년이면 정원의 역사에서 아주 긴 시간이라고는 볼 수 없는데 그동안에도 많은 변화가 있었다는 것이 재미있다. 가장 흥미로운 점은 초창기 원터가든은 상록침

메디아뿔남천 '윈터 선'(오른쪽)과
헤베 종류를 섞어 심은 모습.
잎의 크기와 형태가 매우 다른
상록활엽수를 함께 심으면
강한 형태적 대비가
느껴지면서도 잘 어울린다.

천리포수목원 윈터가든의 입구.

원의 서막을 여는 무대 장치다. 초록 울타리와 더불어 부드럽게 굽은 동선과 서서히 높아지는 경사 덕분에 방문객은 입구에서 정원 안쪽을 한눈에 다 조망할 수 없다. 게다가 차분한 초록빛이 시각적인 긴장을 풀어, 뒤이어 나타날 화려한 색채를 더욱 선명하게 느낄 수 있는 준비 단계 역할을 한다.

 이런 모습은 영국 윈터가든에서도 자주 볼 수 있다. 대표적으로 앵글시애비정원은 드라마틱한 연출로 유명하다. 약 350미터에 달하는 긴 겨울 산책로 전체를 높은 상록수 수벽으로 감싸 외부와의 연결을 차단하고 관람객이 내부 정원 관

B구역의 식재 예
1. 흰말채나무 '시비리카'
2. 붉은말채나무 '윈터 뷰티'
3. 단풍나무 '비호'
4. 버드나무 종류 (분홍 버들강아지)
5. 단풍나무 '에디스버리'
6. 복분자딸기
7. 비텔리나흰버들
8. 진퍼리버들 '핑크 테슬'
9. 오시마사초 '에버골드'
10. 머로위사초 '바리에가타'
11. 풍지초 '알보바리에가타'
12. 마취목 '퓨리타'
13. 동백나무 '차이나 메이드'
14. 팜파스그래스 '서닝데일 실버'
15. 삼나무 '요시노'
16. 호랑가시나무 종류
17. 코이네아나호랑가시나무 '루비'
18. 카나리아호랑가시나무 '팔리다'

람에만 집중하게 한다. 특히 입구는 색 농도가 다른 두 겹의 초록 수벽으로 두텁게 둘러져 있어 그 뒤에 숨겨진 화려한 색채를 마주했을 때의 반전 효과를 극대화한다.

상록성 울타리는 차폐 효과와 함께 정원 속 식물을 더 돋보이게 하는 '배경 캔버스' 역할을 한다. 잎이 없는 가는 가지나 마른 풀 등 겨울의 섬세한 경관 요소가 초록색의 단정한 배경 위에서 훨씬 또렷하게 살아난다. 입구부에 심은 관목들뿐 아니라 정원 둘레를 전체적으로 감싸고 있는 삼나무, 호

랑가시나무 등의 상록 교목이 그 역할을 함께 해준다.

장면 2: 색감이 돋보이는 어린가지

겨울정원에서 가장 색감이 강렬한 소재는 나무의 어린 가지 껍질(수피)이다. 일정 구간에 말채나무, 단풍나무, 버드나무 등 수피가 아름다운 식물을 집중 배치해 긴 겨울 동안 감상할 수 있도록 하는 것은, 윈터가든의 가장 대표적인 연출법이기도 하다.

천리포수목원 윈터가든의 상록수 울타리 입구를 돌아

C구역의 식재 예

1. 삼지닥나무 '그란디플로라'
2. 매실나무 '토츄어스 드래곤'
3. 납매
4. 인테르메디아풍년화 '바름슈테트 골드'
5. 납매
6. 인테르메디아풍년화 '루비 글로우'
7. 미국풍나무 '골든 선'
8. 춘추벚나무 '아우툼날리스'
9. 중국홍가시나무
10. 삼나무 '요시노'
11. 고산향나무 '블루 스타'
12. 노랑말채나무 '켈시'
13. 남천 '우즈 드워프'
14. 꽃댕강나무 '콘티'
15. 붉은말채나무 '미드윈터 파이어'
16. 노랑말채나무 '버즈 옐로우'
17. 꿩의비름 '허브스트프로이데'
18. 작은잎맥문아재비 '코쿠류'
19. 아주가
20. 오시마사초 '에베레스트'
21. 헬레보루스 종류

서면 붉은색, 주황색, 황금색, 연두색 나뭇가지들이 한눈에 펼쳐지며 이 계절에 예상치 못한 화려함을 펼쳐 보인다. 여기서부터 윈터가든이 본격적으로 시작된다. 짙은 붉은빛이 나는 흰말채나무 '시비리카'와 밝은 주황색의 붉은말채나무 '윈터 뷰티'가 공간의 주인공이고, 그 뒤로 황금색 수피가 눈부신 비텔리나흰버들, 싱그러운 초록색의 갯버들 종류, 주황색 수피가 고급스러운 단풍나무 '비호', 선명한 붉은 수피의

어린가지 수피 색상을 돋보이게 연출한 모습. 붉은말채나무 '미드 윈터 파이어'가 멀리서부터 화사하게 시선을 끈다.

겨울에 피는 꽃과 향기를 주제로 한 공간.
인테르메디아풍년화 '바름슈테트 골드'가 중앙에서 포인트 나무 역할을 한다.

단풍나무 '에디스버리'가 더 큰 키로 둘러싸며 장면을 완성한다. 수피가 하얀 복분자딸기는 자유분방한 수형으로 뒷공간을 채우며 개성을 더한다.

바닥에는 오시마사초 '에버골드', 머로위사초 '바리에가타' 같은 밝은 상록성 사초류와 갈색으로 마르지만 풍성한 형태를 유지하는 풍지초 등이 층을 이루어 수피 색상을 더욱 돋보이게 한다. 그 사이사이에 심어둔 수선화와 같은 구근류는 이른 봄에 마주할 또 다른 즐거움을 예고한다. 이렇게 수피의 색과 바닥 식재를 대비시키는 연출은 겨울정원의 색채미를 끌어올리는 탁월한 장치다.

겨울나무의 여러가지 색감을 즐길 수 있는 공간은 정원 입구와 출구에 반복 배치되어, 정원의 주요한 장소 어디서든 뒤편 배경 위로 자연스럽게 색상이 얹히는 모습을 보여준다.

장면 3: 겨울 경관용 수집정원

이어지는 공간은 겨울 경관용 식물이 다양하게 모여있는 수집정원 구간이다. 정원 리노베이션 당시에는 '겨울에 피는 꽃과 향기'에 초점을 맞춰 공간을 연출할 계획이었지만 현재는 꽃과 향기를 지닌 식물뿐 아니라 다양한 겨울 경관 요소가 한데 어우러진 모습이다. 유럽개암나무 '콘토르타'와 단자산사나무 '플렉수오사'처럼 구불구불한 가지와 독특한 수형을 지닌 나무가 조형미를 뽐내고, 여름과 가을에 풍성하게 피었던 꽃이 말라 겨우내 형태를 유지하는 꿩의비름 '허

겨울 경관용 식물을 다양하게 심어놓은 수집정원 구간. 겨울 식물 관찰 재미가 큰 곳이다.

브스트프로이데' 같은 숙근초가 사이 공간을 채운다. 붉은 열매가 탐스러운 리장개야광나무, 가죽질의 짙은 녹색 잎과 하얀 잎맥 무늬가 고급스러운 아룸 이탈리쿰, 붉은 열매와 함께 겨울에도 푸른 잎을 유지하는 동청붓꽃 등 흔치 않은 식물들이 관람에 재미를 더한다.

　방문객들은 이 구역을 천천히 거닐며 흥미로운 식물을 하나씩 발견할 때마다 '와, 이런 식물이 겨울에도 볼거리가 되는구나.' 하며 탄성을 터트리곤 한다. 식물의 다양한 겨울 모습을 한 공간에 수집해 보여주는 디자인 덕분에 겨울정원의 맛을 실컷 경험할 수 있다.

장면 4: 겨울 꽃과 향기

　겨울정원에서 꽃과 향기는 또 하나의 장면이다. 계절 특성상 꽃이 풍성하지 않아 겨울에는 꽃이 온전히 주인공이 되기 어렵지만, 그럼에도 향기로운 식물이 만들어 내는 특별한 순간이 있다. 이런 식물을 적절히 배치하면 겨울정원에 감각의 깊이를 더할 수 있다. 특히 2월 말에서 3월 초, 풍년화가 만개할 무렵이 그렇다. 겨울에 피는 나무꽃 중에서도 드물게 가지 가득히 풍성하게 꽃을 피우고 향기까지 진한 풍년화는 겨울정원을 위한 특별한 선물 같다. 천리포수목원 윈터가든에도 인터메디아풍년화 '엘레나'(구리빛 황갈색), '아놀드 프라미스'(밝은 황색), '바름슈테트 골드'(진한 황금색), '루비 글로우'(자주빛 붉은색) 등 꽃 색깔이 다양한 풍년화 품종들이 정원

납매

사르코코카 콘퓨샤

실라

크로커스

네리네

의 골격이 되는 자리마다 심어져 있다.

이 시기에는 동백, 매실나무, 삼지닥나무, 서향, 길마가지 등도 차례로 꽃을 피우며 정원에 서서히 색과 향기를 입힌다. 바닥에서는 설강화, 실라, 치오노독사, 크로커스 같은 구근식물과 복수초, 헬레보루스 같은 여러해살이풀이 반가운 얼굴을 내민다. 이 식물들은 향기는 없어도 겨울 끝자락에 충분히 좋은 볼거리가 되어준다. 겨울이 그리 춥지 않은 해에는 납매, 사르코코카 같은 나무들이 이들보다 훨씬 이른 시기부터 꽃을 피워 겨우내 은은한 향기를 내뿜을 것이다.

이곳의 산책로는 일부러 폭이 넓지 않은 통로형으로 설계해 겨울 꽃들이 내어놓는 향기를 더 진하게 느낄 수 있도록 배려했다. 영국 윈터가든들에서도 자주 볼 수 있는 연출이다.

장면 5: 늘 푸른 잎과 열매, 그리고 숲으로의 이어짐

다양한 겨울 요소가 전시된 공간을 지나서 다시 한 번 화려한 수피 터널을 통과하면 '늘 푸른' 잎을 가진 식물들이 만들어 내는 또 하나의 장면이 펼쳐진다. 겨울에도 싱그러운 초록을 간직한 상록성 식물은 그 자체로 귀하고 특별하다. 난대성 기후를 품은 천리포수목원은 겨울에도 다양한 초록을 경험할 수 있다는 것이 정말 큰 장점이다.

잎처럼 넓적하게 변형된 푸른 줄기 위에 꽃을 피워 '잎 한가운데 꽃이 달린 듯' 독특한 모습을 연출하는 루스쿠스 아쿨레아투스, 오시마사초 '에버라임'이나 머로위사초 같은

숲으로 이어지는 천리포수목원 윈터가든의 출구.

오시마사초 '에버라임'.

만년청 '이치몬지'.

싱그러운 상록성 사초류, 잎 가장자리 무늬가 밝은 실유카 '브라이트 엣지' 등이 서로 다른 질감과 색조의 초록으로 바닥을 채운다. 만년청과 스키미아처럼, 초록 잎들 사이에서 붉거나 노란 열매를 매단 식물은 겨울정원에 생기를 불어넣는 감초 같은 존재다. 그 사이로 조형미가 좋은 뿔남천과 동백 같은 상록 관목이 시각적 포인트가 되어준다. 그리고 그 위로는 키가 더 큰 삼나무 '요시노'나 중국홍가시나무 같은 상록 교목이 짙은 초록 바탕과 그늘을 드리우며 이어질 겨울 숲을 예고하는 분위기다.

실제로 이 장면의 끝은 숲정원으로 이어진다. 싱그럽고 원시적인 고사리류와 이끼가 있는 숲의 풍경으로 점점 옮겨가며 흐름이 자연스럽게 연결된다. 이렇듯 부드러운 공간 및 생태 시퀀스의 변화는 영국의 윈터가든에서도 자주 볼 수 있는 연출이다. 길은 습지나 초지, 건조지, 또는 호주·뉴질랜드 식물의 정원으로 이어지기도 하며, 계절이 품은 서로 다른 얼굴을 자연스럽게 이어 겨울 경관의 폭과 가능성을 한층 넓혀준다.

교목/아교목

- 단풍나무 '에디스버리'
- 단풍나무 '비호'
- 단풍나무 '디섹툼 니그룸'
- 산딸나무 '골드 스타'
- 단자산사나무 '플렉수오사'
- 유럽개암나무 '콘토르타'
- 매실나무 '토츄어스 드래곤'
- 미국풍나무 '골든 선'
- 풍년화
- 인테르메디아풍년화 '옐레나'
- 인테르메디아풍년화 '루비 글로우'
- 인테르메디아풍년화 '바름슈테트 골드'
- 인테르메디아풍년화 '팔리다'
- 납매 '루테우스'
- 운남납매
- 납매
- 산납매
- 납매 '콘컬러'
- 독일가문비 '무크로나타'
- 화백 '스노우'

관목

- 삼지닥나무 '그란디플로라'
- 마취목 '퓨리티'
- 흰말채나무 '시비리카'
- 붉은말채나무 '윈터 뷰티'
- 노랑말채나무 '켈시'
- 노랑말채나무 '플라비라메아'
- 노랑말채나무 '버즈 옐로우'
- 진퍼리버들 '핑크 테슬'
- 비텔리나흰버들
- 갯버들 '마운트 아소'
- 비텔리나흰버들 '브리첸시스'
- 버들 종류
- 복분자딸기
- 콕버니아누스복분자딸기 '골든베일'
- 영산홍 종류
- 백서향
- 꽃댕강나무 '콘티'

초본

- 팜파스그래스 '서닝데일 실버'
- 오시마사초 '에버골드'
- 오시마사초 '에베레스트'
- 머로위사초 '바리에가타'
- 석창포 '오곤'
- 풍지초 '알보바리에가타'
- 작은잎맥문아재비 '코쿠류'
- 꿩의비름 '허브스트프로이데'
- 고산향나무 '블루 스타'
- 에리카 다를레이엔시스 '아서 존슨'
- 에리카 스코파리아
- 복수초
- 헬레보루스 종류
- 루스쿠스 아쿨레아투스
- 루스쿠스 아쿨레아투스 (변이종)
- 루스쿠스 히포글로숨
- 만년청

큰별목련 '얼리버드'

풍나무

홍가시나무 종류

중국홍가시나무

벚나무 '엘레강스 미유키'

삼나무 '요시노'

구근

- 수선화 종류
- 네리네 종류
- 설강화 종류
- 크로커스 종류

부록

겨울정원에 어울리는 식물 목록

앞서 겨울정원의 아름다움을 잘 감상하고 가꾸는 방법을 알아보는 동안, 어떤 식물이 우리 정원에 어울리지는 더욱 궁금해졌을 것이다. 장마다 간략히 언급했던 식물들과 함께, 우리나라 정원에 잘 어울리는 겨울용 식물 소재를 주제별로 정리해 소개한다.

일러두기

1. 다음에 수록한 식물 목록은 수형, 어린가지, 열매 등 앞쪽 원고의 주제에 맞춰 각각의 특징을 대표할 만한 식물로 선별했다. 특징이 분명하고 정원 연출에 효과가 높은 식물, 가급적이면 시중에 유통되어 쉽게 구할 수 있는 것을 소개하려 했지만 아직 우리나라에 보급되지 않았거나 구하기 어려운 식물도 일부 포함되었는데, 앞으로 우리나라에 새로운 정원식물이 더 많이 보급되기를 바라는 마음에서 그렇게 했다.
2. 식물마다 맨 아랫줄에 크기, 내한성, 광환경 등의 생육 정보를 간략하게 정리했으며 그 의미를 읽는 방법은 다음과 같다.
   - 크기: 식물이 보통 환경에서 충분히 성숙했을 때의 키와 폭을 ↕ 와 ↔ 기호 뒤에 숫자로 표시.
   - 내한성: 미국농무부에서 만든 식물의 내한성 강도 지표(USDA Plant Hardiness Zone)를 참조해 각 식물이 생육 가능한 겨울철 최저온도를 표시. 그 지역의 겨울철 평균 최저온도가 표기된 수치보다 높으면 식물을 기르기에 적절하다고 예상할 수 있다.
   - 광환경: 식물이 자라는 데 적절한 햇빛 환경을 양지, 반음지, 음지로 나누어 기록.

수형이 아름다운 나무

유럽개암나무 '콘토르타' *Corylus avellana* 'Contorta'

유럽과 서부 아시아, 북부 아프리카가 원산지인 개암나무 종류다. 특히 이 품종은 꼬불꼬불한 가지 모양이 재미있어 겨울정원용 소재로 많이 사용한다. 키와 폭이 약 2.5미터로 아담하게 자라는 관목이며 은회색 가지가 개성 있는 모양으로 자란다. 길쭉하게 늘어져 매달리는 수꽃의 연두색 꽃눈도 매력적이다.

↕ 2.5~4m ↔ 2.5~4m, -34℃, 양지~반음지

탱자나무 '플라잉 드래곤' *Poncirus trifoliata* 'Flying Dragon'

탱자나무 종류로 가지가 꼬불꼬불한 품종이다. 탱자나무는 가지가 녹색이어서 그 자체로도 매력적인 겨울정원 소재인데 특히 이 품종은 가지 모양까지 재미있다. 광택이 나며 스프링처럼 휘어진 녹색 가지와 가시가 이름 그대로 하늘을 나는 용을 연상케 한다.

↕ 1~2m ↔ 3.5~4.5m, -23℃, 양지~반음지

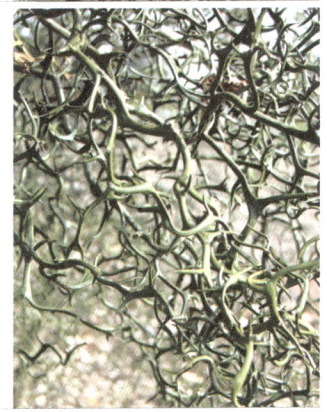

단자산사나무 '플렉수오사' *Crataegus monogyna* 'Flexuosa'

독특하게 비틀리며 굴곡진 가지가 큰 특징으로, 겨울철에도 더욱 아름다운 실루엣이 드러난다. 봄에 피는 작은 흰색 꽃과 가을에 붉은 열매도 각각 매력을 더해 정원에 포인트 수목으로 활용하기 좋다.

↕ 2.5~4.0m ↔ 2.5~4.0m -34℃ 양지~반음지

매실나무 '토츄어스 드래곤' *Prunus mume* 'Tortuous Dragon'

가지가 꼬불꼬불한 매실나무 품종이다. 수형이 구불구불한 데다 가지가 조밀하게 나서 전체적으로 매우 촘촘해 보인다. 매화꽃도 가지마다 촘촘히 피어나므로 꽃이 만개한 늦겨울에는 하얀 매화꽃이 나무 가득 들어찬 느낌이 든다.

↕ 1~1.5m ↔ 1~1.5m, -23℃, 양지

매실나무 '킨지시' *Prunus mume* 'Kinjisi'

가지가 짧고 굵으면서 독특하게 비틀리고 울퉁불퉁한 모양이 특징적인 매실나무 품종이다. 개성 있는 수형에 초록색 어린가지도 돋보인다. 느리게 자라며 아담한 수형을 만들고, 독특한 가지 모양으로 관상 가치가 높아 정원수나 분재로 특히 인기 있다.

↕ 2.0~4.0m ↔ 2.0~3.0m -23℃ 양지~반음지

처진감나무 *Diospyros kaki* 'Pendula'

가지가 아래로 늘어지는 감나무 품종이다. 독특한 수형에 가을이 면 주황색으로 익는 열매와 단풍 색깔로 매력을 더한다. 주로 관상용으로 심지만 열매를 얻기 위해 재배하기도 하며, 열매는 겨우내 새들에게 좋은 먹이가 되어준다. 이 나무뿐 아니라 늘어지는 수형을 지닌 나무들은 겨울정원에 조형 요소를 더하기 좋은 소재다.

↕ 3.0~5.0m | ↔ 3.0~4.0m | -18℃ | 양지

홍룡버들 *Salix* × *sepulcralis* 'Erythroflexuosa'
페키넨시스수양버들 '토츄오사'
Salix babylonica var. *pekinensis* 'Tortousa'

가지가 꼬불꼬불한 버드나무 품종들이다. 홍룡버들은 주황색 가지가 돋보이며, 페키넨시스수양버들 '토츄오사'의 가지는 그보다 옅은 노란색을 띤다. 키가 크게 자라는 나무들이지만 원하는 만큼 자랐을 때 매년 같은 자리를 전정하면 구불구불한 가지가 하늘로 솟아오르는 듯한 수형을 만들 수 있다.

↕ 3~12m, -29℃, 양지~반음지

유럽너도밤나무 '펜둘라' *Fagus sylvatica* 'Pendula'

유럽 중부와 남부가 원산지인 너도밤나무 품종으로 가지가 아래로 처지는 모습이 인상적이다. 개성적인 수형을 보기 위해 오래 전부터 정원수로 많이 활용해 왔다. 단풍이 아름다우며, 굵기가 다르며 구불구불하게 아래로 처진 가지는 마치 번개가 내리친 듯한 모습이다. 털이 덥수룩한 야수 한 마리를 보는 듯도 하다. 정원 뒤쪽에 심으면 멋진 배경이 된다.

↕12m → 8m, -34℃, 양지~반음지

후지벚나무 '코조-노-마이' *Prunus incisa* 'Kojo-no-mai'

일본이 원산지인 후지벚나무의 왜성 품종이다. 아담한 크기로 천천히 자라므로 작은 정원에 심기 좋다. 구불구불하게 자라는 회갈색 가지가 조형적으로 아름다워 겨울정원에서 존재감이 크다. 봄에 풍성하게 피어나는 하얀 벚꽃과 선명한 붉은 단풍도 매우 아름답다.

↕↔2~2.5m, -23℃, 양지

미국붉나무 *Rhus typhina*

북미가 원산지인 붉나무 종류다. 끝이 뾰족한 작은 잎이 여러 장 줄지어 나 풍성해 보인다. 나무의 전체적인 선이 아름다우며 단풍이 빼어나서 정원에 많이 심는다. 겨울날 드러나는 수형도 아름답다. 줄기 여러 개가 위로 쭉쭉 뻗어 오르며 시원스레 자라는데, 잔가지가 없고 마디와 마디 사이가 넓어 간결한 인상을 준다. 가지 끝에 횃불 모양의 적갈색 열매가 크게 달려 형태미를 더한다.

↕4~7m ↔6~9m, -40℃, 양지~반음지

처진계수나무 *Cercidiphyllum japonicum* f. *pendulum*

계수나무는 일본과 중국에서 온 계수나무과의 낙엽성 교목이다. 단풍이 아름답고 꽃이 필 때와 단풍이 들 때 향기가 매우 좋아서 많이 심는다. 처진계수나무는 늘어지는 수형을 가진 계수나무다. 폭포에서 물이 떨어지듯 가지가 길게 아래로 늘어지는 선이 아름답다. 정원에 포인트로 심을 만하다.

↕4~8m ↔4~8m, -34℃, 양지~반음지

줄기가 아름다운 나무

자크몽자작나무 *Betula utilis* var. *jacquemontii*

종잇장처럼 얇게 벗겨지는 수피가 하얗고 깨끗해서 서양 정원에서 많이 심는 자작나무 중 하나다. 히말라야 고산지대에서 기원한 히말라야자작나무(*B. utilis*)의 아종으로 히말라야자작나무 역시 정원수로 많이 심는다. 두 자작나무의 우수한 품종들을 선발해 정원에서 다양하게 활용하고 있다. 우리나라에 자생하는 자작나무(*B. platyphylla* var. *japonica*)는 주로 동아시아 지역에 분포하는 종류다.

↑12m ↔ 4~8m, -29℃, 양지~반음지

중국붉은자작나무 *Betula albosinensis* var. *septentrionalis*

수피가 붉은 것이 특징이며 수피가 하얀 자작나무 종류와는 다른 멋스러움이 있다. 중국흰자작나무(*B. albosinensis*)와 함께 중국의 서쪽 고산지대에서 자생한다. 국가표준식물목록에서는 학명의 뜻을 풀어 흰자작나무라고 이름 붙였지만 사실 두 자작나무 모두 붉은 수피를 가지고 있다. 다양한 품종이 선발되어 있으며 수피 색이 진하고 많이 벗겨지는 중국흰자작나무 '볼링그린'(*B. albosinensis* 'Bowing Green')이 대표적이다.

↑12m ↔ 4~8m, -29℃, 양지~반음지

흑자작나무 *Betula nigra*

미국 동부와 중부가 원산지인 자작나무로 물가에서 잘 자란다. 다른 자작나무와 마찬가지로 서늘한 기후에서 가장 잘 자라지만 기온이 높고 습한 여름도 비교적 잘 견딘다. 수피 색깔은 개체에 따라 조금 어두운 회갈색부터 옅은 분홍색을 띤 흰색까지 다양하고, 종잇장처럼 얇게 벗겨진다. 우리나라에 자생하는 나무 중에서는 물박달나무(*B. davurica*)가 수피가 벗겨지는 모양이 비슷하다.

↑12m ↔ 4~8m, -34℃, 양지~반음지

은사시나무 *Populus × tomentiglandulosa*

마름모 모양 피목이 있는, 매끈하고 밝은 흰빛 수피가 아름다운 교목이다. 우리나라 전역 숲 가장자리나 도로변에서 흔히 볼 수 있으며, 빠른 생장과 강한 번식력으로 방풍림, 가로수 등 다양한 용도로 활용한다. 바람에 흔들릴 때 잎 뒷면이 은빛으로 반짝이는 모습이 아름다워 관상 가치도 크다.

↑ 20~30m | ↔ 6~10m | -34℃ | 양지

티베트벚나무 *Prunus serrula*

적갈색 혹은 구릿빛이 감도는 수피를 지닌 벚나무 종류로 티베트와 중국 서부가 원산지다. 수피가 번들거려 광택이 돌 정도라서 정원에서 이목을 끄는 훌륭한 포인트 나무 역할을 한다. 히말라야벚나무(*P. rufa*)나 동아시아와 우리나라 깊은 산지에 자생하는 개벚지나무(*P. glandulifolia*) 등도 광택이 나는 적갈색 수피가 아름답다.

↑12m → 8m, -29℃, 양지

중국복자기 *Acer griseum*

한때 '적피단풍'이라 부르던 것에서 알 수 있듯이, 종잇장처럼 벗겨지는 붉은 수피가 인상적인 나무다. 붉은 단풍과 직립하는 수형이 아름다워 독립수로 많이 심는다. 중국 중부가 원산지이다. 우리나라에 자생하는 복자기(*A. triflorum*)에서도 종잇장처럼 벗겨지는 밝은 갈색의 수피를 볼 수 있다.

↕12m ↔ 4~8m, -34℃, 양지~반음지

노각나무 *Stewartia koreana*

가지를 뻗은 모습이 사슴 뿔을 닮았다고 해서 이름이 노각나무다. 매끈한 수피에 껍질이 벗겨지면서 남은 홍황색 얼룩무늬 때문에 '비단나무'라고도 부른다. 우리나라 토종식물로 현재는 우리나라와 일본에서 자생한다. 세계적으로 7종의 노각나무 종류가 분포하고 있는데, 그중 우리나라 품종이 가장 아름답다고 인정받는다. 여름에 동백꽃을 닮은 하얀 꽃이 피고 겨울철에는 수피와 수형이 모두 아름다워 사계절 감상하기 좋다.

↕12m → 8m, -29℃, 양지~반음지

사람주나무 *Neoshirakia japonica*

단정한 수형과 섬세하게 뻗은 가지의 선이 인상적인 소교목으로, 은회색을 띠는 매끈한 수피가 겨울에 더욱 아름답다. 모양도 예쁜 잎이 가을에 붉게 물들어 관상 가치가 높으며, 빠른 성장보다는 천천히 자라므로 도심지 숲정원에 잘 어울린다.

↕ 8~15m | ↔ 5~10m | -29℃ | 양지~반음지

물푸레나무 *Fraxinus rhynchophylla*

길고 우아하게 뻗는 가지, 깔끔한 수형이 아름다워 숲속이나 정원에서 품격 있는 실루엣을 만들어 낸다. 수피는 전체적으로 매끈하고 회백색을 띠며, 일부 나무에서는 연한 하얀색 얼룩무늬가 나타나기도 한다. 이런 특징이 수형과 맞물려 겨울에 더욱 관상적 매력을 더한다.

↕ 15~20m | ↔ 10~15m | -29℃ | 양지~반음지

벽오동나무 *Firmiana simplex*

손바닥처럼 넓은 잎과 매끄러운 수피가 특징으로, 시원하고 개방감 있는 수형을 만드는 소교목이다. 이름처럼 어린 나무일 때는 수피가 연한 초록빛을 띠었다가 시간이 지나며 점차 회갈색으로 변한다. 초록빛이 도는 줄기 덕분에 겨울에도 시각적으로 신선하고 생기 있는 느낌을 주며, 넓은 잎과 어우러져 사계절 정원에서 눈에 띄는 포인트가 된다.

↕ 8~15m | ↔ 6~12m | -23℃ | 양지~반음지

적피배롱나무 *Lagerstroemia fauriei*

일본이 원산지인 배롱나무 종류다. 무광택에 벨벳 느낌이 나는 짙은 적갈색 수피가 인상적이다. 조경수로 많이 심는 일반 배롱나무(*L. indica*)도 밝은 갈색의 매끈한 수피가 아름답다.

↕ 10~15m ↔ 8~10m, -21℃, 양지~반음지

데이비드사피단풍 *Acer davidii*

녹색의 얇은 수피와 뱀허물을 닮은 줄기 무늬 때문에 영어로 '뱀허물단풍(Snake Bark Maple)'이라고 부르는 단풍나무 종류가 있다. 데이비드사피단풍, 펜실베니아산겨릅나무(*A. pensylvanicum*), 콘스피쿠움단풍나무(*A.* × *conspicuum*) 등이 대표적이며 우리나라에서 자생하는 산겨릅나무(*A. tegmentosum*)도 비슷한 수피 무늬를 가지고 있다.

↑12m ↔ 8m, -29℃, 양지~반음지

콘스피쿠움단풍나무 '피닉스' *Acer* × *conspicuum* 'Phoenix'

줄기와 어린가지 모두 밝은 붉은색으로 색상이 아름다운 뱀허물단풍 종류다. 줄기는 붉은 바탕에 그보다 붉거나 은색을 띠는 세로 줄무늬가 있어 뱀허물 같아 보인다. 6미터 남짓의 아담한 크기로 자라며 수형이 아름답고 가을에는 황금색 단풍도 빼어나다.

↑4~8m ↔ 4~8m, -30℃, 양지~반음지

단풍나무 '이보니시키' *Acer palmatum* 'Ibo-nishiki'

아름다운 단풍나무 품종으로, 수피가 무척 개성 있다. 특히 수령이 오래될수록 수피가 울퉁불퉁 두껍게 갈라지는 점이 큰 특징이며, 가을철 주황색으로 물드는 단풍 역시 빼어나다.

↑ 4~5m | ↔ 4~5m | -23℃ | 양지~반음지

산딸나무 *Cornus kousa*

단정하게 뻗는 가지와 아담한 수형으로 정원, 공원, 도시 길가 등 다양한 환경에서 활용하는 소교목이다. 늦봄에 피는 흰 꽃의 형태와 산딸기를 닮은 붉은 열매가 특징적으로, 정원수와 경관수로 인기가 높다. 매끄럽고 은회색을 띠는 줄기 수피도 아름답다. 나이가 들수록 표면이 살짝 벗겨지는 듯한 질감이 독특한 멋을 더해, 꽃과 열매가 없는 계절에도 관상적 매력을 제공한다.

↕ 6~9m | ↔ 4~7m | -29℃ | 양지~반음지

백송 *Pinus bungeana*

매끈한 회녹색 수피에서 둥그런 모양으로 껍질이 떨어져 나가 얼룩덜룩한 백색 줄기가 된다. 중국이 원산지이며 우리나라 전역에서 정원수로 많이 심는다.

↕ 9~15m ↔ 6~10m, -34℃, 양지

육박나무 *Actinodaphne lancifolia*

중국과 일본, 우리나라 남해안 등지에서 자라는 녹나무과의 나무다. 수피는 연한 흑자색인데 둥글고 큰 비늘처럼 껍질이 벗겨져 얼룩덜룩한 무늬를 남기며 배롱나무나 노각나무와 비슷한 모습이다. 그 무늬 때문에 흔히 '해병대나무'라는 별명으로 부른다. 녹나무가 월동할 수 있는 난대성 지역이라면 심어볼 만하다.

↕ 15m, -9℃, 양지~반음지

왕초피 *Zanthoxylum simulans*

잎과 가지에 돋은 가시와 향기로운 열매가 가장 큰 특징으로, 관상과 향신료 용도로 두루 활용되는 소교목이다. 봄에 연한 녹색 잎이 돋고 여름에 짙은 녹음으로 풍성함을 더해가며, 가을에 열리는 붉은 열매는 장식적 가치가 있다. 나이가 들수록 줄기와 가지 수피가 더 우둘투둘해지며, 가시 모양도 마치 도깨비방망이처럼 굵게 돌출돼 관상적 매력을 더한다.

↕ 3~6m | ↔ 2~4m | -29℃ | 양지~반음지

어린가지가 아름다운 나무

흰말채나무 '시비리카' *Cornus alba* 'Sibirica'

흰말채나무는 시베리아와 중국, 우리나라 등지가 원산지이며 그 중 '시비리카'는 가지 색이 가장 붉은 품종이다. 선명하고 진한 붉은색이 멀리서도 한눈에 들어온다. 짙은 검붉은색을 띠는 '케셀링기'(Kesselringii) 품종도 많이 심는다. 밝은 황금색 잎의 황금흰말채나무(Aurea)와 하얀 무늬 잎의 흰말채나무 '엘레강티시마'(Elegantissima) 품종은 특색 있는 잎 때문에 겨울이 아닌 다른 계절에도 돋보인다.

↕ 1.5~2.5m ↔ 1.5~2.5m, -40℃, 양지~반음지

붉은말채나무 '미드윈터 파이어' *Cornus sanguinea* 'Midwinter Fire'

붉은말채나무는 유럽과 서아시아가 원산지인 말채나무 종류로 가지에서 색상 그러데이션을 볼 수 있는 경우가 많으며 붉은말채나무 '미드윈터 파이어'가 대표적이다. 환경에 따라 주황색에서 붉은색, 노란색에서 주황색으로 그러데이션을 이루며 '한겨울의 불'이라는 뜻의 이름처럼 겨울정원을 화사하게 밝혀준다. 붉은 주황색 가지가 활기찬 느낌을 주는 '애니스 윈터 오렌지'(Anny's Winter Orange) '윈터 뷰티'(Winter Beauty) 등 다양한 품종이 있다.

↕ 1.5~2.5m ↔ 1.5~2.5m, -29℃, 양지~반음지

노랑말채나무 '플라비라메아' *Cornus sericea* 'Flaviramea'

노랑말채나무는 북미가 원산지인 말채나무 종류다. '플라비라메아'가 대표적인 품종으로 살짝 연두색을 띤 노란 가지가 아름답다. 조경 시장에서는 흔히 '노랑말채'라는 이름으로 부른다. 품종 '카디날'(Cardinal)은 나무 밑동이 밝은 노란색이며 가지 끝으로 갈수록 붉은색으로 변한다. 품종 '켈시'(Kelseyi)는 키가 작으며 가느다란 잔가지가 많은 왜성 말채나무 종류로 밑동은 녹색을, 가지 끝은 붉은색을 띤다.

↕1.5~2.5m ↔1.5~2.5m, -40℃, 양지~반음지

비텔리나흰버들 '옐버튼' *Salix alba* var. *vitellina* 'Yelverton'

광택 나는 주황색 가지를 가진 버드나무 품종이다. 비텔리나흰버들은 유럽과 중앙아시아가 원산지인 흰버들 중에서 노란 수피를 가진 종류인데, 그중에서도 '옐버튼' 품종은 선명한 주황색 가지가 일품이다. 일반적으로 2~3미터의 키에 무성하게 가지를 뻗어 나가는 형태로 전정해 연출한다.

↕12m → 8m, -34℃, 양지~반음지

흰버들 '골든 네스' *Salix alba* 'Golden Ness'

밝은 노란색 수피가 아름다운 흰버들 품종이다. 비텔리나흰버들 '옐버튼'과 더불어 수피를 감상하기 위해 겨울정원에서 많이 심는 버드나무 품종이다.

↕8~12m ↔4~8m, -34℃, 양지~반음지

은청대버들 *Salix irrorata*

북미가 원산지인 버드나무다. 어린가지의 짙은 보라색이나 짙은 청록색 수피 위에 하얀 분진이 덮여있어 색상 대비가 강렬하다. 화사한 느낌의 나무는 아니지만 고급스럽고 독특한 매력이 있어 많이 활용한다.

↕ 1.5~2.5m ↔ 2.5~4m, -29℃, 양지~반음지

미르시니폴리아버들 *Salix myrsinifolia*

북유럽과 러시아 등지 한대지역 습지와 하천 주변에서 흔히 자라는 버드나무 종류다. 잎은 진녹색에 윤기가 나고 수피와 어린 가지는 검은빛을 띠는 것이 특징이다.

↕ 2~6m | ↔ 2~4m | -34℃ | 양지~반음지

산겨릅나무 '밸리 팬텀' *Acer tegmentosum* 'Valley Phantom'

은회색 바탕에 흰 세로 줄무늬가 있는 수피가 매우 특징적이다. 하얗고 곧은 가지의 선이 겨울정원에서 더욱 돋보이며, 단정한 수형과 느리게 자라는 습성 덕분에 정원수로 활용하기 좋다. 봄과 여름에는 선명한 녹색 잎이 시원하고, 가을에는 노란빛으로 고운 단풍이 들어 사계절 매력이 있다.

↕ 6~10m | ↔ 4~6m | -34℃ | 양지~반음지

단풍나무 '상고가쿠' *Acer palmatum* 'Sango-Kaku'

단풍나무의 어린가지는 겨울에 살짝 붉은색이나 주황색을 띤다. 그중 색이 진한 것을 선발해 정원에 심는데 대표적인 품종이 '상고가쿠'다. 직립하는 수형도 아름답고 단풍도 빼어나며 겨울이면 수피가 밝은 붉은색 계통으로 변해 포인트로 심기에 좋다. 비슷한 품종으로 '에디스버리'(Eddisbury)가 있다.

↕ 4~8m ↔ 2.5~4m, -29℃, 양지~반음지

단풍나무 '비호' *Acer palmatum* 'Bi Hō'

아름다운 봉황이라는 뜻의 이름처럼 매우 아름다운 단풍나무 품종이다. 전체적인 수형과 어우러져 사계절 내내 관상적인 매력을 뽐내는 나무인데, 봄에는 연한 녹색과 붉은빛이 섞인 새잎이 돋고 여름에는 짙은 녹색, 가을에는 붉게 단풍이 든다. 특히 겨울에는 어린가지 수피가 연한 붉은빛이나 녹색을 띠어 나무의 잎이 모두 떨어진 뒤 볼거리가 된다.

↕ 2~4m ↔ 2~3m │ -29℃ │ 반음지

네군도단풍 '윈터 라이트닝' *Acer negundo* 'Winter Lightning'

어린가지 색상이 워낙 샛노랗게 밝아서 노란 번개가 떠오르는데 이름마저 '겨울 번개'다. 수피를 감상하기 위해 심는 다른 버드나무 종류와 마찬가지로, 전정 관리를 통해 2~3미터 길이로 잘라주면 힘차게 가지를 많이 뻗어 올린 수형을 연출할 수 있다.

↕ 8~12m ↔ 4~8m, -29℃, 양지~반음지

미국풍나무 '골든 선' *Liquidambar styraciflua* 'Golden Sun'

어린가지가 선명한 황금빛을 띠는 미국풍나무 품종으로 겨울철에 밝은 색감을 제공해 관상 가치가 높다. 단풍나무와 비슷한 오각형 잎은 여름에 짙은 녹색을 띠고 가을에는 붉게 자주색으로 물들어 사계절 변화를 즐기기 좋다. 수형이 직립하고 단정해 정원 뒤편에 배경 식물로 심기에도 적합하다.

↕ 8~12m | ↔ 4~6m | -29℃ | 양지

콕버니아누스복분자딸기 *Rubus cockburnianus*

중국 중북부가 원산지인 복분자딸기 종류로 멋스러운 수형이 일품이고 하얀 분진이 묻어나는 흰색 수피를 지녔다. 옆으로 펴짐하게 자라는 복분자딸기(*R. coreanus*)와 달리 1미터 이상 직립해 뻗은 후 그 위에서 아치형으로 휘고 엉키며 자란다. 복분자딸기보다 키가 크며 가지가 더 굵고 하얀색 분진도 진해서 훨씬 선명하고 맵시 있는 느낌이 난다.

↕ 2.5~4m ↔ 2.5~4m, -29℃, 양지~반음지

콕버니아누스복분자딸기 '골든베일' *Rubus cockburnianus* 'Goldenvale'

밝은 황금색 잎의 무늬가 아름다워 다른 계절에도 감상하기 좋은 나무다. 자유분방하게 자라 마구 엉킨 덤불을 이루는데, 가지 끝으로 갈수록 분진이 적어 붉은색 수피가 잘 드러난다. 전체적으로 흰색과 분홍색을 섞은 듯한 독특한 색감이다.

↕ 1.5~2.5m ↔ 1.5~2.5m, -29℃, 양지~반음지

곰딸기 *Rubus phoenicolasius*

우리나라를 비롯한 동아시아가 원산지인 복분자딸기 속의 식물로 수피가 하얀 분진이 없는 붉은색을 띤다. 꽃봉오리를 비롯해 줄기 전체가 붉은색 샘털로 빼곡하게 덮여있다. 덤불의 형태가 개성 있다.

↕1.5~2.5m ↔ 2.5~4m, -34℃, 양지~반음지

황금회화나무 *Styphnolobium japonicum* 'Aurea'

진한 노란 수피의 회화나무 품종이다. 원래 회화나무는 수피가 짙은 녹색을 띠는데 이 품종은 선명한 노란색이며 환경을 크게 가리지 않고 잘 자라고 색도 잘 발현한다. 봄에 밝은 노란색으로 돋아나는 새잎도 아름답고 가을 단풍도 일품이다.

↕1.5~2.5m ↔ 2.5~4m, -34℃, 양지~반음지

코르다타피나무 '윈터 오렌지' *Tilia cordata* 'Winter Orange'

코르다타피나무는 유럽이 원산지인 피나무 종류다. 품종 '윈터 오렌지'는 겨울눈과 어린가지가 선명한 다홍색을 띤다. 큰 키로 자라는 수형을 그대로 활용하는 편이며 가지 끝의 다홍색을 잘 감상할 수 있도록 연출하는 것이 좋다.

↕12m ↔ 8m -34℃, 양지~반음지

아우레오카울리스 솜대 *Phyllostachys vivax* f. *aureocaulis*

선명하게 노란 줄기가 매력적인 대나무 종류로 중국 동부가 원산지다. 비교적 아담한 크기로 자라고 줄기 색상이 빼어나 정원에 포인트로 심기 좋다. 초록색 잎과 노란 줄기의 색상 대비가 싱그럽다. 줄기가 검은 오죽(*P. nigra*)도 겨울 경관에 활용하기 좋다.

↕8~12m ↔ 2.5~4m, -18℃, 양지~반음지

황매화 *Kerria japonica*

이른 봄 가지 가득히 피어나는 노란색 꽃으로 주목받는 황매화의 또 다른 매력은 겨울에 더욱 선명해지는 초록색 어린가지다. 중국에서는 이런 특징 때문에 예부터 '황화녹지(黃花綠枝)', 즉 노란 꽃과 푸른 가지를 보는 식물이라 불렀다. 품종 '킨칸'(Kinkan)은 초록색 가지에 세로로 옅은 미색 줄무늬가 들어가 장식적 가치가 더 높다.

↕1~2m ↔ 1~2m | -34℃ | 양지 또는 반음지

겨울 열매가 아름다운 나무

미국낙상홍 '윈터 레드' *Ilex verticillata* 'Winter Red'

미국낙상홍은 북미 동부가 원산지인 감탕나무과의 낙엽성 관목으로 주로 숲의 저지대나 습지 주변에서 자란다. 낙상홍(*I. serrata*)은 겨울에 붉은 열매를 감상하는 대표적인 식물인데 미국낙상홍은 그보다 열매가 굵고 탐스럽다. 특히 품종 '윈터 레드'는 열매가 굵고 풍성하게 달리므로 정원수로 많이 활용한다. 낙상홍은 암수나무가 따로 있어서 열매를 감상하려면 두 나무를 함께 심어야 한다.

↕ 1.8~2.4m ↔ 1.8~2.4m, -40℃, 양지~반음지

미국낙상홍 '윈터 골드' *Ilex verticillata* 'Winter Gold'

주황색 열매가 풍성하고 탐스럽게 열리는 미국낙상홍 종류다. '윈터 레드'와 함께 많이 심는 품종이다.

↕ 1.5~2.5m ↔ 1.5~2.5m, -40℃, 양지 ~ 반음지

완도호랑가시나무 *Ilex x wandoensis*

감탕나무과의 상록활엽수로 호랑가시나무(*I. cornuta*)와 감탕나무(*I. integra*)가 자연에서 교잡*해 만들어졌다. 천리포수목원을 설립한 민병갈 원장이 1978년 완도로 식물 탐사를 갔다가 발견하고 세계에 소개했다. 교잡한 두 나무의 중간 특징을 보여 잎의 톱니가 날카롭지 않고 열매가 탐스럽게 열린다. 그 외의 호랑가시나무 품종들도 겨울에 열매를 감상하기 위해 많이 심는다. 단, 열매를 맺으려면 암수나무를 함께 심어야 한다.

↕ 5m ↔ 4m, -18℃, 양지~반음지

● 交雜. 유전적 조상이 다른 두 개체 사이의 교배.

푸른산사나무 '윈터 킹' *Crataegus viridis* 'Winter King'

푸른산사나무는 북미 서남부가 원산지인 장미과의 낙엽성 나무다. 그중 '윈터 킹'은 붉은 열매가 실하게 달리며 이름처럼 겨울 정원에서 한몫을 한다. 봄에 풍성하게 피는 하얀 꽃과 주홍색 가을 단풍까지 아름다워 산사나무 품종 중 대표적인 정원식물로 손꼽힌다.

↕ 7.5~10m ↔ 7.5~10m, -34℃, 양지

홍자단 *Cotoneaster horizontalis*

중국이 원산지인 반상록 혹은 낙엽성 관목이다. 가지가 아래로 처지고 옆으로 넓게 퍼져 자라며, 개성적인 수형을 감상하기 위해 많이 심는다. 늘어진 가지 위로 규칙적이고 빼곡하게 붉은 열매가 나며 겨우내 매달려 있다.

↕ 0.5~1m ↔ 1~1.5m, -29℃, 양지~반음지

스키미아 야포니카 *Skimmia japonica*

운향과의 상록성 관목으로 일본, 중국, 동남아시아가 원산지다. 두툼한 가죽질의 녹색 잎과 가지 끝에 모여 달린 붉은 열매의 색상 대비가 아름답다. 반그늘 진 화단에 심으면 잘 자라며 겨울용 화분 연출이나 꽃꽂이 소재로도 빈번히 사용한다.

↕ 0.5~1m ↔ 1~1.5m, -23℃, 반음지~음지

심포리카르포스 알부스 *Symphoricarpos albus*

북미 동부가 원산지인 인동과의 낙엽성 관목으로, 눈처럼 하얀 열매가 아름다워 외국에서는 스노우베리(Snow Berry)라는 이름으로 많이 부른다. 건조한 숲 가장자리나 초지 같은 곳에서 잘 자란다. 열매는 연두색이었다가 익어갈수록 색이 변해 하얀색으로 겨울을 난다. 같은 속의 심포리카르포스 오르비쿨라투스(*S. orbiculatus*)는 짙은 분홍색 열매가 더 풍성하게 달린다.

↕ 0.9~1.8m ↔ 0.9~1.8m, -23℃, 반음지~음지

남천 *Nandina domestica*

일본과 중국 등지가 원산지인 매자나무과의 상록성 관목이다. 번들번들 광택 나는 줄기와 맵시 있는 잎 모양새가 대나무와 비슷하며 시원해 보인다. 가지 끝에 풍성하게 열리는 붉은 열매도 겨울날 좋은 볼거리다. 실내용 식물로 많이 활용하지만, 차고 건조한 북서풍을 피할 수 있다면 중부지방에서도 야외 월동이 가능하다. 잎 모양과 크기가 다른 다양한 품종이 있다.

↕ 1~1.5m ↔ 1~1.5m, -23℃, 양지~반음지

좀작살나무 *Callicarpa dichotoma*

동아시아가 고향인 마편초과의 낙엽성 관목이다. 짙은 보라색의 구슬 같은 열매가 돋보여 뷰티베리(Beauty Berry)라고 부르며 정원식물 중 열매가 아름다운 것으로 손꼽는다. 열매를 감상하기에 가장 좋은 시기는 가을이며 1월까지 볼 수 있다. 하얀 열매가 열리는 작살나무 '류코카르파'(*C. japonia* 'Leucocarpa')도 정원에 많이 심는다.

↕ 0.6~1.2m ↔ 0.9~1.5m, -29℃, 양지~반음지

루스쿠스 아쿨레아투스 *Ruscus aculeatus*

지중해를 중심으로 한 유럽, 북아프리카, 서아시아 등지에서 온 백합과의 상록성 관목이다. 엽상경*에서 꽃이 피기 때문에 마치 잎 한가운데 꽃이 돋아난 것처럼 보인다. 늦여름에 열리는 열매는 선명한 붉은색으로 익고 겨울까지 아름답게 달려있다. 건조에 강하고 음지에서 버티는 힘이 좋아 다소 열악한 환경에서도 잘 자란다.

↕ 0.5~1m ↔ 0.5~1m, -18℃, 양지~음지

● 葉狀莖. 잎 모양으로 변형된 가지.

늦개야광나무 *Cotoneaster lacteus*

중국 남부에서 온 장미과의 상록성 관목이다. 여름에 하얀 꽃이 피고 가을에 풍성하게 열린 붉은 열매가 겨울까지 매달려 있다. 가지가 길게 뻗어 자라는 데다 열매가 무척 풍성하게 달려서 아치를 이루며 늘어진다. 상록성에 열매까지 아름다워 겨울용 소재로 활용하기 좋다. 울타리로 많이 심는다.

↕ 2.5~4m ↔ 2.5~4m, -24℃, 양지~반음지

이나무 *Idesia polycarpa*

가을이면 가지에 포도송이처럼 다닥다닥 매달리는 밝은 붉은색 열매가 무척 화려하며, 겨우내 볼거리를 제공한다. 가지 뻗음이 시원하고 넓은 잎으로 그늘을 드리우는 단정한 수형 덕분에 정원과 공원의 포인트 나무로 잘 어울린다. 남부지방에 주로 자생하지만 중부지역에서도 재배 가능하다.

↕ 8~12m | ↔ 4~6m | -29℃ | 양지~반음지

죽절초 *Sarcandra glabra*

겨울에도 푸른 잎과 붉은 열매가 달려있어 관상 가치가 높은 상록성 관목이다. 잎은 타원형으로 윤기가 돌며, 여름에 작고 연한 노란색 꽃을 피운 뒤 가을과 겨울에 붉은색 또는 주황색 열매를 맺는다. 아시아의 따뜻한 지역에서 자생하며 전통 약용식물로 활용해 왔다. 우리나라에서는 남부 해안이나 제주도 정도에서만 노지 월동이 가능하다.

↕ 0.5~1.5m | ↔ 0.5~1.0m | -12℃ | 반음지~음지

팥배나무 *Aria alnifolia*

초여름에 흰 꽃이 핀 뒤 가을이면 작은 팥알 같은 붉은 열매가 맺히고, 초겨울이면 열매가 밝은 붉은색으로 변하면서 가장 관상 가치가 높다. 잎은 단정한 난형으로 윤기가 있고 가을의 노란 단풍도 고와 매력이 있다. 수형이 매우 단정하며 아름답고 생육이 튼튼해 정원수나 가로수로 두루 활용하기 좋다.

↕ 5~10m | ↔ 3~5m | -34℃ | 양지~반음지

피라칸사 *Pyracantha* spp.

가을부터 겨울까지 가지에 붉은색, 주황색, 노란색 열매가 무척 화려하게 달려있는 상록성 관목이다. 사계절 푸른 잎을 유지해 오래 전부터 세계의 정원사들이 즐겨 사용한 고전적인 정원식물로, 봄에는 흰 꽃이 무리 지어 핀다. 가지에 날카로운 가시가 있어 생울타리나 방범용 식재로도 많이 활용한다. 다양하고 우수한 품종들이 개발되어 있지만 국내에는 아직 제한된 종류만 유통된다.

↕ 2~4m | ↔ 2~3m | -23℃ | 양지~반음지

까마귀밥나무 *Ribes fasciculatum* var. *chinense*

10월 이후에 열매가 붉게 익어 겨울 내내 볼 수 있다. 화려한 색감은 아니지만 숲 가장자리나 정원 경계부에 심어 자연스럽게 생기를 주는 요소로 활용하기에 적합하다. 가지가 촘촘하고 단정하게 뻗어 겨울에도 구조적인 볼륨감을 느낄 수 있으며, 겨울에 작은 새들에게 먹이를 제공하는 생태적 가치도 있다. 같은 속에 속하는 까치밥나무(*R. mandshuricum*) 등도 같은 형태로 정원에 활용하면 좋다.

↕ 2~4m | ↔ 1.5~3m | -34℃ | 양지~반음지

백당나무 *Viburnum opulus* var. *sargentii*

대표적인 정원용 관목으로, 늦봄에 크고 둥근 흰색 꽃이 풍성하게 모여 피어 아름다움을 뽐낸다. 여름에는 짙은 녹색 잎이 그늘을 드리우고, 가을에는 열매가 붉게 물들어 사계절 관상 가치가 좋다. 덜꿩나무(*V. erosum*), 가막살나무(*V. dilatatum*) 등을 비롯해 외국에서 도입된 같은 속 식물 품종들이 정원에 다양하게 활용되고 있는데 모두 붉은 열매가 아름답기로 유명하다.

↕ 2.5~4m | ↔ 2~3m | -40℃ | 양지~반음지

마른 모습이 아름다운 풀

꿩의비름 '허브스트프로이데' *Hylotelephium* 'Herbstfreude'

꿩의비름 종류 중에서 가장 아름답고 정원에 심었을 때 효과가 좋은 품종이다. 여름에는 녹색 잎의 형태감이 돋보이고 가을에는 분홍색 꽃이 풍성하게 피며 겨울에는 형태를 유지한 채 검게 말라 오랫동안 감상할 수 있는 식물이다. 흔히 '어텀 조이(Autumn Joy)'라는 이름으로 유명하고 국내에서는 '만추'라는 상품명으로 유통되기도 한다.

↕ 0.5~1m ↔ 0.1~0.5m, -40℃, 양지

러시안세이지 '블루 스파이어' *Salvia* 'Blue Spire'

여름에는 풍성한 덤불에 라벤더를 닮은 하늘색 꽃이 가득 핀다. 시원스럽게 뻗어 자란 하얀색 줄기와 황록색 잎이 신비한 느낌을 자아낸다. 추위지면 하얀색 줄기만 남아 마른 덤불이 되며 그것만으로도 관상 가치가 충분해 겨울정원에 잘 어울린다. 품종 '블루 스파이어'(Blue Spire)와 '리틀 스파이어'(Little Spire)는 수형이 직립하며 자라 또 다른 매력이 있다.

↕ 0.5~1m ↔ 0.5~1m, -29℃, 양지

자주천인국 *Echinacea purpurea*

북미 동부 지역이 원산지인 국화과의 여러해살이풀로 '자주천인국'이라는 이름으로 더 익숙하다. 분홍색 꽃이 크고 아름다우며 다양한 여름 초화류와 함께 있을 때 잘 어울리는 대표적인 여름용 정원식물이다. 식물체가 단단한 편이라 형태를 유지한 채 검게 말라 겨울에도 활용하기 좋다. 비슷한 식물로 원추천인국(*Rudbeckia bicolor*)이 있으며 동그란 꽃대가 검게 마른다.

↕ 0.5~1.5m ↔ 0.4~0.6m, -40℃, 양지~반음지

버지니아냉초 *Veronicastrum virginicum*

냉초는 조형미가 훌륭한 정원식물이다. 곧고 훤칠하게 자란 줄기에 5~6장의 잎이 규칙적으로 돌려나며 보라색 꽃이 핀다. 가을에는 단풍, 겨울에는 형태를 유지하며 마른 모습을 감상할 수 있다. 북미가 원산지인 버지니아냉초를 정원식물로 많이 활용하며, 우리나라에서 자생하는 냉초(*V. sibiricum*)도 그에 버금가게 아름답다.

↕ 1~2m ↔ 0.5~1m, -40℃, 양지

에린기움 알피눔 *Eryngium alpinum*

유럽 중부와 남동부 아고산지대의 암석이 많은 지역이나 초지 등에 사는 산형과의 여러해살이풀이다. 여름에 피는 파란색 꽃이 아름답다. 특히 얇은 금속판을 오려 만든 듯한, 톱니가 달린 포*가 인상적이다. 겨울에 형태를 유지한 채 밝은 회색으로 마른다. 다양한 품종의 에린기움을 정원에 활용하고 있으며 크기가 작으면서 꽃이 더 많이 피는 에린기움 플라눔(*E. planum*), 하얀색 꽃이 피는 유카잎에린기움(*E. yuccifolium*)이 대표적이다.

↕ 0.5~1m ↔ 0.1~0.5m, -46℃, 양지

* 苞. 꽃대 밑이나 꽃자루 밑을 받치고 있는 비늘 모양의 잎.

노루오줌 *Astilbe rubra*

아시아와 북미의 숲속이나 골짜기 등에서 자라는 범의귀과의 여러해살이풀이다. 널리 사용하는 정원식물로 전 세계적으로 25종의 노루오줌이 있는데 우리나라에서 5종이 자생한다. 다양한 색과 형태를 지닌 품종이 개발되어 있다. 촛대 모양을 닮은 꽃차례*는 길쭉하고 엉성한 모양, 짧으면서 딴딴한 모양 등 다양한 형태로 자라며 말랐을 때 장식 요소로 활용하기 좋다.

↕ 0.3~0.7m, -34℃, 반음지~음지

* 꽃대에 달린 꽃의 배열, 또는 꽃이 피는 모양.

루나리아 아누아 *Lunaria annua*

잘 말라 광택이 나는 옅은 노란색 열매가 동전을 닮았다고 해서 '동전 식물(dollar plant)' '1달러 은화(silver dollar)' 같은 별명으로 부르며, 겨울정원이나 드라이플라워를 꾸밀 때 장식 요소로 많이 활용한다. 봄에 유채꽃을 닮은 전형적인 십자화과 꽃이 피는데 보라색이다. 서아시아와 유럽 동남부가 원산지이며 두해살이풀이다.

↕ 0.6~0.9m ↔ 0.3~0.6m, -29℃, 양지~반음지

청나래고사리 *Matteuccia struthiopteris*

'푸른 날개를 펼친다'는 뜻의 이름처럼 싱그러운 잎이 돋보여 전 세계적으로 정원에 많이 심는 대표적인 관상용 고사리다. 고사리 특유의 원시적인 느낌이 매력적이며 정원 한쪽에 풍성하게 심으면 볼륨감을 더해준다. 형태를 유지하며 잘 마른 청나래고사리의 포자엽*은 계절감을 느낄 수 있는 좋은 장식 요소다. 같은 면마과의 개면마(*Onoclea orientalis*)도 겨울에 포자엽이 쓰러지지 않고 겉게 잘 마르며, 청나래고사리보다 식물체와 포자엽이 더 크고 길게 포물선을 그려 활용하기 좋다.

↕ 0.8~1m, -29℃, 양지~반음지

* 胞子葉. 홀씨를 만드는 생식 기능이 있는 잎. 양치식물류의 포자가 달리는 잎.

층꽃나무 *Caryopteris incana*

늦여름부터 가을까지 층층이 피는 보라색 꽃이 화려하다. 은회색 빛이 감도는 잎과 보라색 꽃의 조화가 산뜻하고 세련된 인상을 주어 정원 경계부나 화단에 심으면 잘 어울린다. 겨울철에는 줄기와 가지가 갈색으로 마른 채 층층이 꽃자리가 남아 독특한 조형미가 있다. 건조한 토양에서 잘 자라며, 다양한 원예품종이 선발되어 있다.

↕ 0.8~1.2m | ↔ 0.8~1.2m | -29℃ | 양지

터키세이지 *Phlomis russeliana*

터키와 시리아 등 건조한 중동 지역이 원산지인 꿀풀과의 여러해살이풀로, 널리 사용하는 정원식물이다. 긴 꽃대에 노란색 꽃이 동그랗게 모여난 꽃차례가 층을 이루어 달린다. 여름에 꽃피었을 때도 아름답고 가을, 겨울에 마른 모습도 좋은 볼거리다. 마른 모습이 우리나라 자생식물인 층꽃나무와 비슷한데, 터키세이지의 꽃대가 더 곧고 꽃차례도 커서 이목을 끌기에 좋다.

↕ 0.6~0.9m ↔ 0.5~0.6m, -29℃, 양지

루이지아나쑥 *Artemisia ludoviciana*

쑥은 대표적인 잡초성 식물이지만 정원에서 활용하는 종류도 있다. 캐나다에서부터 멕시코까지 북미 전역에서 자라는 루이지아나쑥이 대표적인 경우다. 식물체 전체에 가는 털이 나 은색 벨벳 같은 느낌이 나는데, 다른 식물의 초록색과 어우러지면 고급스러워 보인다. 가을날 노랗게 피는 꽃도 좋은 포인트가 되며, 은빛이나 회갈색으로 말라 형태를 유지하므로 겨울 경관을 꾸미는 데 사용할 수 있다. 씨앗으로 잘 번식한다.

↕ 0.6~0.9m ↔ 0.6~0.9m, -34℃, 양지

대상화 '파미나' Anemone hupehensis var. japonica 'Pamina'

서리가 내릴 때까지 계속 꽃이 핀다고 해서 '대상화', 혹은 가을에 피는 국화라는 뜻에서 '추명국'이라고 부른다. 중국 남부가 원산지인 미나리아재비과의 여러해살이풀이다. 일본을 비롯한 동아시아에서 오랫동안 정원식물로 길러왔다. 늦여름부터 늦가을까지 계속 피고 지는 분홍색 꽃이 아름다워 가을꽃으로 많이 심는다. 꽃이 진 뒤 하얀 솜털 같은 동그란 열매를 맺는데, 겨울날 그 열매가 바람에 날려 흩어지는 모습도 운치 있다.

↕ 0.6~0.9m | ↔ 0.5~0.8m, -29℃, 양지~반음지

두메부추 Allium dumebuchum

가을에 둥글게 모여 피는 선명한 자줏빛 꽃이 아름다워 정원에서 널리 활용한다. 여름에는 곧게 선 잎이 화단 바닥이나 모퉁이에 산뜻한 초록빛 질감을 더하고, 겨울에는 동글동글한 꽃차례가 그대로 말라 독특한 조형미를 뽐낸다. 짙은 자주색 꽃이 매력적인 한라부추(A. taquetii), 여름날 꽃이 풍성하게 피는 알리움 '서머 뷰티'(A. 'Summer Beauty') 등, 여름과 가을에 꽃피는 여러 부추속 식물을 겨울철 경관 요소로 활용하면 좋다.

↕ 0.2~0.4m | ↔ 0.2~0.3m | -29℃ | 양지 또는 반음지

밥티시아 Baptisia spp.

풀이지만 작은 관목 같은 풍성하고 단정한 초형에 초여름 짙은 보라색과 파란색 꽃이 수직으로 줄기를 따라 피는 모습이 아름다운 숙근초다. 청회색 잎이 여름 내내 단정한 질감을 유지해 초화 경관을 안정적으로 만든다. 개화 후 꼬투리 열매가 달리는데, 겨울이 되면 검게 마른 채 남아 독특한 조형미를 뽐낸다. 다양한 품종이 선발되어 있다.

↕ 0.9~1.5m | ↔ 0.9~0.2m | -40℃ | 양지

아스터 *Aster* spp.

별 모양의 작은 꽃들이 대량으로 피어 가을정원을 대표하는 식물이다. 겨울이 되면 밝은 갈색으로 마른 뒤 남은 화탁*이 형태를 유지해, 마치 꽃이 계속 피어있는 듯한 조형미를 선사한다. 품종이 매우 다양하고 '리틀 칼로(Little Carlow)' '트와이라이트(Twilight)' 등 겨울에 특별히 아름다운 품종도 있어 선택의 폭이 넓다.

↕ 0.4~1.5m | ↔ 0.4~0.9m | -40℃ | 양지

● 花托. 꽃을 구성하는 모든 부위가 붙어있는, 줄기의 윗부분. 꽃받침, 꽃잎, 수술 등을 포함한다.

아스파라거스 *Asparagus officinalis*

채소로 잘 알려진 아스파라거스는 정원식물로도 우수하다. 여름에 꽃피는 모습도 아름답지만 늦가을에 밝은 노란빛으로 물들어 마른 모습도 훌륭하다. 잎처럼 보이는 가느다란 가지들이 부드러운 질감을 만들어 다른 식물과 잘 어울리며 좋은 바탕식물이 된다. 또한 우리나라에 자생하는 비짜루(*A. schoberioides*)나 방울비짜루(*A. oligoclonos*) 등 같은 속의 식물들도 정원식물로 활용 가치가 높다.

↕ 1.0~1.5m | ↔ 0.6~0.9m | -40℃ | 양지~반음지

스페시오사미역취 *Solidago speciosa*

북미 동부와 중부 초지에서 온 이 식물은 미역취 가운데서도 특히 단정하고 아름다운 초형을 지녔다. 아담한 키에 비해 곧게 뻗어 안정된 형태를 오래 유지하며, 여름과 가을에는 노란 꽃차례가 화사하게 피어난다. 겨울에도 마른 모습 그대로 남아 감상 가치가 크고, 전체적으로 단아하면서도 강건해 정원에 질서를 부여하는 초본으로 활용할 수 있다.

↕ 0.6~1.2m | ↔ 0.3~0.6m | -40℃ | 양지

운남감초 *Glycyrrhiza yunnanensis*

달콤한 뿌리 성분으로 알려진 약용 숙근초로, 줄기가 곧게 서며 개성 있는 모습으로 정원의 포인트 역할을 한다. 여름에 연한 보라색 꽃이 피고 가을에 길쭉하고 통통한 꼬투리 열매가 맺히며, 겨울에는 가늘고 곧게 선 줄기 위에 마른 열매만 남아 흥미로운 조형미를 보인다. 건조와 햇빛에 강해 정원에서 바탕식물이나 약용식물 포인트로 활용하기 좋다.

↕0.6~1.2m ↔0.5~1.0m, -23℃, 양지

마른 모습이 아름다운 그라스

바늘새풀 '칼 푀르스터' *Calamagrostis* x *acutiflora* 'Karl Foerster'

가늘고 긴 꽃대가 곧게 선 모습이 매력적이어서 정원 가운데에 포인트로 많이 심는다. 여름부터 가을까지 고급스러운 담황색 이삭을 감상할 수 있고, 겨울에는 이삭이 부드럽게 말라 정원의 인상을 부드럽게 만든다. 비슷한 생김새에 잎에 흰 줄무늬가 있는 품종 '오워담'(Overdam)도 아름답다.

↕1~1.5m ↔ 0.5~1m, -29℃, 양지~반음지

브라키트리카새풀 (비합법명) *Calamagrostis brachytricha*

실새풀(*C. arundinacea*)의 변종으로, 꽃차례가 성근 모양인 실새풀보다 훨씬 응축된 모양인 것이 특징이다. 깃털처럼 풍성하게 꽃 피어 만개하는 9월에 그 꽃길을 따라 산책하면 뭉게구름 속을 걷는 듯한 느낌이 든다. 우리나라에서 기원한 식물로 외국에서는 '한국에서 온 깃털 모양 갈대(Korean Feather Reed Grass)'라고 부른다. 1966년 식물 탐사를 온 미국인 식물학자가 채집해 처음 소개했으며 오늘날 세계적으로 유명한 정원식물이 되었다. 형태를 유지한 채 밝은 갈색으로 마른 모습이 아름답다.

↕1~1.5m ↔ 0.5~1m, -34℃, 양지~반음지

큰개기장 '노스윈드' *Panicum virgatum* 'Northwind'

큰개기장은 북미 대평원 태생의 대표적인 관상용 그라스로 다양한 품종을 선발해 정원에 이용하고 있다. 특히 품종 '노스윈드'는 가장 곧게 직립하는 수형을 갖고 있다. 잎이 곧게 뻗어 자라며 바람이 불면 끝만 살짝 구부러진다. 그 모습이 '북쪽에서 부는 바람'이라는 뜻의 품종명과 잘 어울린다. 여름에 청회색으로 싱그러웠던 잎이 가을에 노란색으로 단풍 들었다가 겨울이면 구릿빛으로 잘 말라 고급스러운 느낌을 낸다.

↕ 1~1.5m ↔ 0.5~1m, -29℃, 양지~반음지

큰개기장 '셰넌도어' *Panicum virgatum* 'Shenandoah'

잎끝의 붉은 무늬가 인상적인 큰개기장 품종이다. 다른 큰개기장 종류와 마찬가지로 초여름에 녹색이나 청록색으로 잎이 올라왔다가 여름이 지나면 잎 끝부분만 붉게 물든다. 비교적 곧게 직립하는 수형이며 그 모습 그대로 말라 겨울을 난다.

↕ 0.5~1m ↔ 0.5~1m, -29℃, 양지~반음지

참억새 '모닝 라이트' *Miscanthus sinensis* 'Morning Light'

억새는 우리나라를 비롯한 동아시아 전역에서 자생하는 여러해살이풀로 가장 익숙한 그라스 중 하나이다. 관상용 그라스 중 정원식물로 활용한 역사가 가장 오래됐다. 키가 3미터에 달하는 것까지 다양한 품종이 선발되어 있으며 정원을 입체적으로 연출하는 소재로 많이 활용한다. 품종 '모닝 라이트'는 가늘어 부드러운 잎 가장자리에 하얀 무늬가 있어 전체적으로는 밝은 라임색을 띤다. 마른 형태로 정원에 활용하기 좋은데 특히 겨울내 달려있는 은색 이삭에 빛이 머무는 순간이 아름답다.

↕ 1~1.5m ↔ 0.5~1m, -29℃, 양지~반음지

참억새 '야쿠시마 드와프' *Miscanthus sinensis* 'Yakushima Dwarf'

키가 작은 참억새 품종이다. 약 80센티미터 안팎의 아담한 크기로 자라며 빼곡하고 촘촘해 보인다. 가을에 피어나는 담갈색 이삭도 아름답다. 겨울에는 그 모습을 그대로 유지한 채 밝은 갈색으로 잘 마른다.

↕ 0.5~1m ↔ 0.1~0.5m, -29℃, 양지~반음지

네팔억새 *Miscanthus nepalensis*

히말라야와 네팔 일대가 원산지인 억새로, 부드럽게 늘어지는 꽃차례가 밝은 황금빛으로 반짝이며 가을날 정원에 고급스러운 포인트를 더한다. 겨울에도 황금빛 색상이 오랫동안 유지되지만 내한성이 약해 중부 이북 지역에서는 노지 월동에 각별한 관리가 필요하다. 잎은 참억새보다 넓고 털이 많아 질감이 부드럽고, 여름에는 시원한 연녹색으로 자라 가을철 황금빛 꽃이삭과 훌륭한 대비를 이룬다.

↕ 1.2~1.5m | ↔ 0.8~1.0m | -12℃ | 양지

가는잎나래새 *Stipa tenuissima*

가느다란 잎이 풍성하게 돋아나 작은 덤불을 만든다. 약한 바람에도 하늘거리는 모습이 인상적이어서 '털수염풀'이라는 이름으로 더 유명하다. 질감이 부드러워 무리 지어 심으면 주변의 다른 식물들을 부드럽게 감싸고 돋보이게 하는 배경 역할을 한다. 우리나라 중부지방에서는 겨울에 밝은 갈색으로 마르며, 더 따뜻한 지역에서는 반상록으로 겨울을 난다. 미국 서남부, 멕시코, 아르헨티나 등의 중남미가 원산지다.

↕ 0.5~1m ↔ 0.1~0.5m, -18℃, 양지

카에룰레아진퍼리새 '무어헥세'
Molinia caerulea subsp. *caerulea* 'Moorhexe'

우리나라 자생종이자 같은 속에 속하는 진퍼리새(*M. japonica*)와 마찬가지로, 물기가 많은 내륙 습지에서 잘 자란다. 지나치게 건조하지 않다면 정원에서도 키울 수 있다. 초여름까지는 작게 덤불을 이루며 자라다가 한여름에 가늘고 긴 꽃대가 여러 개 올라와 자색 꽃이 핀다. 겨울에 밝고 선명한 주황색으로 마르는데 부챗살 같은 꽃대가 중첩돼 보여 아름답다. '무어헥세' 품종은 촘촘하고 정교한 수형이 돋보인다.

↕0.1~0.5m ↔0.1~0.5m, -34℃, 양지~반음지

스코파리움쇠풀 *Schizachyrium scoparium*

초지와 잘 어울리는 관상용 그라스다. 여름에는 원산지인 북미 초원을 연상시키는 푸른 모습을 뽐내다가 가을에 불타는 듯한 진한 붉은색으로 물들어 극적인 색채 변화를 보인다. 겨울에도 형태를 그대로 유지한 채 적갈색으로 마르며 그 미적 가치를 인정받아 겨울 경관 연출에 자주 활용된다.

↕0.6~0.9m ↔0.45~0.6m, -40℃, 양지

풍지초 *Hakonechloa macra*

숲속에서 자라는 그라스다. '하코네(Hakone)의 풀(chloa)'이라는 이름 뜻에서 알 수 있듯이 수려한 산지가 잘 보전된 일본 하코네에서 왔다. 가느다란 잎자루 하나에 댓잎을 닮은 긴 잎이 2~3개 모여나며, 무게중심이 잎 쪽에 쏠려 작은 바람에도 잘 흔들려서 아름다운 파동을 보인다. 그 모습이 꼭 숲속 바람을 잘 알고 표현하는 것 같다고 해서 풍지초(風知草)라는 이름이 붙었다. 단풍이 아름답고 마른 덤불의 느낌도 좋아서 가을과 겨울 경관을 꾸미는 요소로 많이 활용한다.

↕0.1~0.5m ↔0.1~0.5m, -29℃, 양지~반음지

수크령 '하메른' *Pennisetum alopecuroides* 'Hameln'

수크령은 우리나라를 비롯한 아시아와 호주 대륙이 원산지인 벼과의 여러해살이풀이다. 가을에 피는 원기둥 모양 꽃이 커다란 강아지풀 같아서 친숙해 보인다. 억새만큼이나 오랫동안 정원에 심어온 관상용 그라스이며 다양한 품종을 선발해 활용하고 있다. '하메른'은 아담한 크기에 꽃이 많이 피는 품종이다. 수크령 종류들은 가을에 노란색으로 단풍이 들었다가 겨울에는 미색으로 마르며, 둥그렇고 아담한 덤불 모양을 그대로 유지한다.

↕ 0.5~1m | ↔ 0.5~1m, -29℃, 양지~반음지

털새 *Arundinella hirta* var. *ciliata*

우리나라를 비롯한 동아시아에 넓게 분포하며 저지대 평야의 초원이나 숲 가장자리에서 흔히 자란다. 깃털 같은 꽃대가 선과 점의 리듬감을 주며 정원 경관을 풍성하게 한다. 곧게 서서 자라는 단정한 초형과 강한 환경 적응력 덕분에 최근 정원식물로 주목받고 있다.

↕ 1.0~1.5m | ↔ 0.5~1.0m | -29℃ | 양지~반음지

솔새 *Themeda triandra*

아프리카, 아시아, 오스트레일리아 등지의 초지에 널리 분포하는 다년생 벼과식물로, '캥거루 그라스'라는 이름으로 알려져 있다. 산비탈 황무지나 들길 가장자리, 제방, 두둑의 비탈 등에서 흔히 볼 수 있다. 잎 겨드랑이마다 달리는 작은 꽃이삭이 독특한 형태의 꽃차례를 이루어 겨울에도 조형미가 뛰어나다. 건조에 매우 강해 건조지대의 생태 복원이나 초지 정원 조성에 널리 활용하고 있다.

↕ 0.6~1.2m | ↔ 0.4~0.6m | -34℃ | 양지

털쥐꼬리새 *Muhlenbergia capillaris*

흔히 '핑크뮬리'라고 부르는 이 그라스는 가을이면 분홍빛 꽃차례가 안개처럼 피어오르며 정원에 몽환적인 분위기를 낸다. 섬세한 잎과 가느다란 꽃대가 어우러져 부드럽고 가벼운 초형을 이루며, 자연주의 경관이나 대중적 조경에서 모두 활용도가 높다. 겨울에 부드럽고 밝은 갈색으로 마른 모습도 경관 연출에 효과적이다.

↕ 0.6~0.9m | ↔ 0.6~0.9m | -18℃ | 양지

꼬랑사초 *Carex mira*

한국과 일본에 자생하며 산지의 물가 바위틈이나 햇빛이 잘 드는 축축한 곳에서 포기를 이루어 자란다. 본래 습지에서 자라지만 적응력이 강해 건조한 환경에서도 잘 견디는 편이다. 햇볕이 잘 드는 곳부터 그늘진 장소까지 폭넓게 자라며, 특히 습윤한 조건에서는 더욱 왕성하게 군락을 이루어 정원에 자연스러운 질감과 안정감을 더한다. 겨울에 포기 형태를 잘 유지한 채 밝은 갈색으로 마른 모습도 단정하다.

↕ 0.4~0.6m | ↔ 0.4~0.6m | -40℃ | 양지~반음지

아네만델레 레소니아나 *Anemanthele lessoniana*

뉴질랜드 원산의 매력적인 상록성 그라스로, 계절에 따라 잎 색상이 변화하는 특징이 있다. 기본적으로는 여름에는 청록색이지만 햇볕을 많이 받을수록 붉은빛, 오렌지빛, 구릿빛이 어우러져 섬세하고 따뜻한 색감이 난다. 특히 겨울철의 구리빛 잎이 따뜻한 느낌을 주어 겨울정원의 갈색을 풍부하게 만드는 소재로 많이 활용한다. 부드럽고 가느다란 잎이 편안하게 늘어져 바람에 흔들리는 모습도 매우 우아하다.

↕ 0.6~1.0m | ↔ 0.6~0.9m | -12℃ | 양지~반음지

칼라마그로스티스나래새 *Stipa calamagrostis*

유럽 중부와 남부의 고산 초지에서 자라는 우아한 그라스다. 가늘고 청초한 잎이 부드럽게 늘어지며, 초여름의 연한 자줏빛 꽃차례가 특히 인상적이다. 여름에서 초가을까지 하늘거리는 깃털 같은 꽃차례가 정원에 리듬과 생동감을 더하며 겨울까지도 형태를 잘 유지한 채 마른다. 개방된 초지나 경사지, 정원 가장자리에 무리지어 심으면 자연스러운 아름다움을 연출할 수 있다.

↕ 0.9~1.2m | ↔ 0.6~0.9m | -34℃ | 양지

낚시귀리 *Chasmanthium latifolium*

북미 동부의 숲 가장자리나 하천변 등지에 자생하는 그라스로, 납작한 이삭이 줄기 끝에 매달려 물고기 비늘처럼 흔들리는 모습이 인상적이다. 귀리를 닮은 이삭은 여름에 밝은 연두빛이다가 가을과 겨울에 광택 있는 황갈색으로 변해 계절감을 더하고, 그 모양도 꼭 금속 세공을 한 듯한 독특한 형태로 조형미가 뛰어나다.

↕ 0.6~1.2m | ↔ 0.5~0.6m | -29℃ | 양지~반음지

마른 모습이 아름다운 나무

황화매화오리 *Clethra alnifolia*

여름철 달콤한 향기가 나는 흰 꽃을 피우는 관목으로, 꽃차례가 길게 늘어져 피며 벌과 나비를 불러 모은다. 가을에는 잎이 노랗게 물들어 계절감을 더하고 겨울에는 곧은 가지와 마른 열매 이삭이 단정한 실루엣을 보여준다. 습윤한 산기슭이나 계류 주변에서 잘 자라며 정원에서는 차분하고 자연스러운 분위기를 연출하거나 울타리로 활용하기에 좋다.

↕ 1~3m | ↔ 1.5~2m | -34℃ | 양지~반음지

좀목형 *Vitex negundo* var. *incisa*

깊게 갈라진 단정한 잎과 여름에 피는 연보라색 꽃이 아름다우며, 자유분방한 수형으로 정원에 가볍고 산뜻한 분위기를 더하는 관목이다. 가을에는 잎이 다 떨어진 뒤 밝은 색상의 줄기와 가지, 긴 꽃차례가 섬세한 선형으로 남아 겨울까지 소박한 조형미를 보인다. 건조와 추위에 비교적 강해 관리하기는 수월하다.

↕ 2~3m | ↔ 1.8~2m | -23℃ | 양지~반음지

클레마티스 *Clematis* spp.

정원사들에게 아주 인기 있는 식물 중 하나로, 덩굴로 자라며 계절마다 다양한 꽃색과 형태를 보인다. 여름과 가을에 화려한 꽃을 피운 뒤 겨울에는 머리털처럼 풍성한 솜털이 달린 열매가 마른 채 남아 독특한 조형미를 보인다. 덩굴이 울타리, 아치, 벽면을 타고 오르며 구조물과 어우러질 때 독특한 시각적 포인트가 될 수 있다.

↕ 2~6m 이상? | ↔ 다양함 | -29℃ | 양지

케팔란투스 오키덴탈리스 *Cephalanthus occidentalis*

북미 습지에서 자생하는 관목으로, 둥근 공 모양의 독특한 꽃차례가 겨울정원에서 시각적 포인트가 된다. 가을에 꽃이 지고 열매가 맺히며, 잎이 다 떨어진 가지와 마른 공 모양 열매만 겨울 동안 남아 개성적인 실루엣을 연출한다. 원래 물가나 습지에서 군락을 이루어 자라는 성질이 있기 때문에 정원의 수변에 심거나 습윤한 공간에서 포인트 관목으로 활용하면 좋다.

↕ 2~4m | ↔ 2~3m | -34℃ | 양지~반음지

나무수국 '라임라이트' *Hydrangea paniculata* 'Limelight'

초여름부터 여름 내내 큰 원뿔형으로 피는 연녹색 꽃이 아름답다. 가을이 되면 꽃이 약간 붉게 물들고 마른 채로 가지 끝에 매달려 겨울을 나는데 그 실루엣이 단정하고 조형미가 있다. 강건하고 관리하기 쉬워 단독 또는 그룹으로 심어서 담장과 경계 공간에 포인트로 활용하면 좋다. 이 품종을 비롯해 다양한 나무수국 품종과 산수국(*H. serrata*), 미국수국(*H. arborescens*), 떡갈잎수국(*H. quercifolia*) 등 수국 종류는 모두 겨울철에 인상적인 마른 꽃을 남긴다.

↕ 1.5~2.5m | ↔ 1.5~2.0m | -40℃ | 양지~반음지

겨우내 잎이 지지 않는 나무

유럽너도밤나무 *Fagus sylvatica*

유럽 중부와 남부가 원산지다. 근사한 수형으로 시원스럽게 자라 넉넉한 그늘을 드리우기 때문에 외국 정원에서는 넓은 공터에 독립수로 많이 심는다. 겨우내 잎이 떨어지지 않는 특성이 있어서 마른 잎으로 가득 채운 갈색 수벽을 연출하기 위해 심기도 한다. 키가 약 20미터까지 자라는 교목이지만 원하는 크기만큼 전정하면 적당한 높이와 형태로 조형적인 연출이 가능하다. 생명력이 좋아서 강하게 전정해도 금방 새 가지를 만들고 잘 회복한다.

↑12m ↔ 8m, -34℃, 양지~반음지

뇌성목 (비합법명) *Lindera glauca* var. *salicifolia*

동아시아가 원산지인 나무로 우리나라에서는 주로 대청도 등 바닷가에서 자생한다. 감태나무의 변종으로 흔하게 볼 수 있는 나무는 아니지만 아담한 키에 잘생긴 수형을 가지고 있으며, 거꾸로 뒤집어 놓은 길쭉한 계란 모양 잎이 나무 가득 달린 모습이 매력적이어서 외국 정원에서 많이 심는다. 붉은 단풍이 일품이며 겨우내 마른 잎이 떨어지지 않아 겨울정원 연출에도 활용한다. 같은 속의 감태나무(*L. glauca*) 등도 비슷한 성질을 가지고 있고 수형이 아름다워 정원식물로서 충분한 가치가 있다.

↑1.8~2.4m ↔ 0.9~1.5m, -23℃, 양지~반음지

겨울정원에 심기 좋은 상록성 풀

오시마사초 '에버골드' *Carex oshimensis* 'Evergold'

가는 잎의 선이 부드럽고 아름다운 사초 종류다. 잎 가운데 잎맥 중심에 노란색 줄무늬가 있고 잎 가장자리는 짙은 녹색이어서 색상 대비가 아름답다. 전체적으로 밝은색이라 어두운 톤의 식물 주변에 심어 극적으로 연출하거나 군락으로 심어 면을 채우기 좋다. 오시마사초는 일본이 원산지인 상록성 사초인데 이 외에 '에베레스트'(Everest) '에버릴로'(Everillo) '에버라임'(Everlime), '에버크림'(Evercream) 등도 겨울정원에 활용할 만하다.

↕ 0.1~0.5m ↔ 0.1~0.5m, -29℃, 양지~반음지

머로위사초 '바리에가타' *Carex morrowii* 'Variegata'

싱그럽고 풍성한 잎으로 겨울을 나는 사초 종류로 오시마사초 '에버골드'와 더불어 겨울 경관을 연출하기 위해 가장 흔하게 사용한다. 오시마사초보다 식물체가 조금 더 크고 풍성하며 가는 잎에서 꼿꼿한 느낌이 난다. 짙은 녹색의 잎 가장자리에 미백색 무늬가 있어 아름답다. 무늬 없는 짙은 녹색 잎을 가진 원종 머로위사초도 정원에 푸름을 더할 수 있어 좋다.

↕ 0.3~0.5m ↔ 0.5~0.6m, -29℃, 양지~반음지

밀사초 '백록담' *Carex boottiana* 'Baeknokdam'

동아시아 해안 지역의 숲이나 바닷가 모래땅에서 자라는 내염성 상록 여러해살이풀이다. 단단하고 광택이 나는 가죽질 잎이 크고 풍성한 포기를 형성하며, 환경 적응력이 뛰어나 다양한 곳에서 지피식물로 활용할 수 있다. 밀 이삭을 닮아 '밀사초'라는 이름이 붙었으며, 품종 '백록담'은 잎 가장자리에 하얀 무늬가 선명하다. 이와 달리 잎 안쪽은 미색, 바깥쪽은 짙은 초록색을 띠는 품종 '진도'(Jindo)도 정원에 자주 심는다.

↕ 0.2~0.5m | ↔ 0.3~0.8m | -29℃ | 양지~반음지

코니카사초 '스노우라인' *Carex conica* 'Snowline'

우리나라와 일본에 자생하는 상록성 사초로, 윤기 나는 가는 잎 가장자리에 선명한 흰색 줄무늬가 들어가 정원에 밝은 포인트가 된다. 잎은 부드럽게 아치형으로 늘어지며, 매우 빽빽하게 자라 단정한 포기를 형성한다. 내음성이 뛰어나 음지나 반그늘에서도 잘 자라고 내한성과 내습성이 강해 관리하기 쉬운 것이 장점이다.

↕ 0.2~0.3m | ↔ 0.3~0.4m | -29℃ | 반음지~음지

블루페스큐 '엘리야 블루' *Festuca glauca* 'Elijah Blue'

블루페스큐는 에메랄드색 잎이 아름다워 '은사초'라는 별명으로 더 유명하며 추위에 강하다. 원래 추운 지역에서 자라는 식물이라 겨울에도 싱그러움을 잘 유지하며 푸른 잎의 색감을 활용하기에 좋다. 온습도가 높은 여름철 기후에는 생육이 어려울 수 있으니 물 빠짐이 잘되게 관리해 주어야 한다. 품종 '엘리야 블루'는 블루페스큐 종류 중에서 색상이 짙고 초형이 촘촘한 편이다.

↕ 0.1~0.5m ↔ 0.1~0.5m, -34℃, 양지

꽃돌부채 *Bergenia cordifolia*

광택이 나는 가죽질의 짙은 연두색 잎이 아름다운 범의귀과의 식물이다. 마치 부채 같기도 하고 배춧잎 같기도 한 넓적한 잎으로 정원 한 편을 가득 채울 수 있다. 흔히 정원 모퉁이나 돌 틈새 같은 데 심어 풍성하게 연출한다. 러시아가 원산지인 식물답게 추위에 무척 강하고, 보통은 상록성으로 겨울을 나지만 추운 지역에서는 짙은 적자색으로 변한다.

↕ 0.5~1m ↔ 0.5~1m, -40℃, 반음지~음지

헬레보루스 포이티두스 *Helleborus foetidus*

두 가지 녹색의 조화를 볼 수 있는 식물이다. 가죽질의 잎은 짙은 녹색이고, 꽃대와 꽃잎처럼 생긴 꽃받침은 연두색을 띠며 그 형태를 유지한 채 겨울을 난다. 꽃이 화려하게 피지는 않지만 잎과 꽃받침만으로도 꽤 아름다우며 나무 밑에 군락으로 심으면 보기 좋다. 비슷한 식물로 헬레보루스 아르구티폴리우스(*H. argutifolius*)가 있으며 식물체가 더 크고 튼튼해 조형미가 뛰어나다.

↕ 0.5~1m ↔ 0.1~0.5m, -29℃, 반음지~음지

아룸 이탈리쿰 *Arum italicum*

이탈리아를 비롯한 유럽 지중해 지역의 숲에서 기원한 천남성과의 식물이다. 고급스럽고 돋보이는 잎을 가졌으며, 짙은 녹색 잎에 잎맥을 따라 난 하얀 무늬가 매력적이다. 알뿌리식물로 여름에는 여름잠을 자고 가을부터 잎이 새로 돋아나서 푸르게 겨울을 난다. 추위가 심한 곳에서는 겨울잠을 자기도 한다.

↕ 0.3~0.5m ↔ 0.3~0.5m, -29℃, 반음지~음지

헤데리폴리움시클라멘 *Cyclamen hederifolium*

아이비를 닮은 하트 모양 잎이 겨울에도 싱그러운 시클라멘 종류다. 일반적으로 시클라멘은 추위에 약해 겨울에는 실내에 들여놓아야 하지만 헤데리폴리움시클라멘은 추위에 강해서 우리나라 전역에서 월동이 가능하다. 가을에 꽃이 피며 겨울에는 싱그러운 잎으로 정원을 장식하기에 좋다.

↑0.1m ↔ 0.1~0.5m, -29℃, 반음지

마르티니대극 '애스코트 레인보우'
Euphorbia x martinii 'Ascot Rainbow'

마르티니대극은 대극과의 여러해살이풀로, 지중해 지역을 비롯해 척박한 환경에 적응한 일부 종류는 상록으로 겨울을 난다. 특히 '애스코트 레인보우'는 잎이 아름다운 품종으로 알려져 있다. 가늘고 길며 가장자리에 노란 무늬가 들어간 녹색 잎이 줄기를 따라 돌려난다. 추운 지방에서는 잎 끝에 살짝 붉은 단풍이 들어 더 멋스럽다.

↑0.3~0.6m ↔ 0.3~0.6m, -29℃, 양지~반음지

암대극 *Euphorbia jolkinii*

더운 여름에는 잎을 떨구고 땅속에서 여름잠을 자다가 선선한 계절이 되면 다시 잎을 내 성장하는 독특한 생육 사이클을 지녔다. 덕분에 겨울에도 싱그럽게 잎을 유지해 뛰어난 관상 소재가 되며 이른 봄 줄기 끝에서 피어나는 노란색 꽃차례도 아름다운 볼거리다. 내한성은 비교적 약하다. 우리나라 남해안과 일본 남부 등 동아시아 지역이 원산지로 주로 해안가 모래땅이나 바위 틈 같은 매우 건조한 환경에서 자라 여름철 높은 온도와 겨울철 온화한 기후에 두루 잘 적응한다.

↑0.4~0.6m | ↔ 0.4~0.6m | -12℃, 양지

카라키아스대극 *Euphorbia characias*

유럽 공원이나 정원에서 겨울철 상록 관상을 위해 가장 흔하게 사용하는 대극 종류다. 유럽 남부 지중해 연안이 원산지로, 건조하고 배수가 잘되는 양지 바른 언덕, 초원, 해안 절벽 등 전형적인 지중해성 환경에서 잘 자란다. 봄에서 초여름 사이 줄기 끝에 형광 녹색의 꽃차례가 화사하게 피며, 겨울에는 푸른 잎과 줄기가 정원에 형태감을 부여한다. 암대극과 유사하나 상대적으로 내한성이 강하고 식물체의 크기가 크다.

↕ 0.6~1.2m | ↔ 0.5~1.0m | -23℃ | 양지~반음지

개맥문동 *Liriope spicata*

짙은 녹색의 선형 잎이 땅을 덮으며 무리지어 자라는 강건한 초본으로, 바닥을 덮는 지피식물로 활용하기 좋다. 여름에 보라색 꽃이 피고 가을에 검은 열매가 맺히며 겨울에는 진초록 잎이 그대로 남아 정원에 질감과 포인트를 부여한다. 관리가 쉬워 다양한 환경에 활용할 수 있으며, 특히 경계부나 화단 가장자리 식재, 경사면 지피식물로 적합하다. 잎에 흰 줄무늬가 들어간 품종 '긴류'(Gin-Ryu)도 많이 활용된다.

↕ 0.2~0.3m ↔ 0.5~0.8m, -34℃, 양지 또는 반음지

석창포 '오곤' *Acorus gramineus* 'Ogon'

석창포는 주로 계곡이나 물가에서 자라는 창포과의 여러해살이풀로, 가는 잎이 붓꽃과 비슷해 보이며 연못이나 습지 정원을 연출할 때 많이 활용한다. 품종 '오곤'은 잎이 황금색을 띠어 '황금석창포'라는 별명으로 불린다. 물가에 심으면 더 잘 자라지만 토양습도가 높은 일반 화단에 심어도 잘 자라며 지피식물로 많이 이용한다. 황금색 잎으로 겨울을 나며, 차고 건조한 바람을 피할 수 있다면 좋은 상태를 유지할 수 있다.

↕ 0.1~0.5m ↔ 0.1~0.5m, -29℃, 양지~반음지

작은잎맥문아재비 '코쿠류' *Ophiopogon planiscapus* 'Kokuryū'

짙은 검은색 잎이 매력적인 소엽맥문동 속의 여러해살이풀로 일본이 원산지다. 짙은 검은색 잎을 가진 식물은 드물어서 밝은색 식물들과 색상 대비를 연출하는 데 많이 활용한다. 다만 우리나라 중부지방에서는 반상록성 상태로 월동하므로 그 효과가 적을 수 있다.

↕ 0.1~0.5m ↔ 0.1~0.5m, -23℃, 양지~반음지

큰꿩의밥 '아우레아' *Luzula sylvatica* 'Aurea'

큰꿩의밥은 유럽과 서남아시아가 원산지인 골풀과의 여러해살이풀이다. 품종 '아우레아'는 겨울과 봄에 광택이 나는 황록색 잎이 아름다워 겨울정원에 많이 활용한다. 검은색 잎을 가진 작은잎맥문아재비 '코쿠류' 등과 함께 심어 검은색과 노란색의 강렬한 색상 대비를 연출하면 좋다.

↕ 0.3~0.6m ↔ 0.3~0.6m, -34℃, 반음지~음지

만년청 *Rohdea japonica*

짙은 녹색에 광택이 나는 두껍고 길쭉한 잎이 문주란이나 군자란 같은 식물과 비슷해 보인다. 아열대성 식물을 연상시키기도 하는데 일본이 고향인 백합과의 여러해살이풀이다. 흔히 실내에서 관상용으로 기르며 우리나라 중부지방에서도 야외에서 월동이 가능하다. 가을에 열린 붉은 열매가 겨울까지 남아있기도 하며 짙은 녹색 잎과 잘 어울려 멋스러워 보인다. 잎 가장자리에 흰 줄무늬가 들어간 품종 '이치몬지'(Ichimonji)는 고급스러움을 더한다.

↕ 0.15~0.2m ↔ 0.2~0.3m, -23℃, 반음지~음지

동청붓꽃 *Iris unguicularis*

겨울에도 초록 잎을 유지하는 상록 붓꽃이다. 원산지는 지중해 동부로, 석회암 지대의 바위틈이나 건조한 언덕에서 주로 자라며 온화한 겨울 기후에 특히 잘 적응한다. 특히 겨울에도 열매의 형태를 잘 유지하는데, 살짝 열린 씨주머니 안쪽의 붉은 씨앗이 초록 잎과 색상 대비를 이루며 독특한 시각적 포인트가 된다.

↕0.3~0.4m ↔0.3~0.4m, -34℃, 양지~반음지

루 '젝맨스 블루' *Ruta graveolens* 'Jackman's Blue'

유럽 남부가 원산지인 루는 운향과의 여러해살이풀이다. 잎에서 귤 냄새 비슷한 강한 향기가 나고 운향이라는 한약명으로도 부른다. 허브로 더 유명한 식물이지만 여름에 피는 노란 꽃이 아름답고, 특히 고급스러운 청회색 잎이 겨우내 푸르게 남아 겨울정원에 활용하기 좋다. 대표적인 품종으로 청회색 잎이 선명한 '젝맨스 블루'가 있다.

↕0.5~1m ↔0.5~1m, -34℃, 양지~반음지

무늬빈카 *Vinca minor* 'Argenteovariegata'

빈카는 유럽에서 온 협죽도과의 덩굴성 여러해살이풀이다. 정원의 그늘진 자리에 낮게 붙어 자라 공간을 채우기 좋고 별 모양 보라색 꽃이 예쁘다. 무늬빈카는 짙은 녹색 잎 가장자리에 고급스런 미색 무늬가 있어 아름답다. 노란 무늬가 들어가는 빈카 '일루미네이션'(*V. minor* 'Illumination')도 정원에 밝은 색채를 더하기에 좋다.

↕0.1m ↔0.5~1m, -34℃, 양지~음지

석산 *Lycoris radiata*

석산은 초가을에 잎도 없이 줄기만 곧게 올라와 화려한 붉은 꽃을 피우는 것으로 유명하지만, 겨울철에는 이 식물의 잎도 중요한 역할을 한다. 꽃이 지고 나면 잎이 나타나 겨우내 초록으로 정원 바닥을 채우기 때문에 겨울철 상록 지피식물로도 활용하기 좋다.

↕ 0.3~0.5m | ↔ 0.2~0.3m | -23℃ | 양지~반음지

엽란 *Aspidistra elatior*

짙은 초록색의 넓은 잎이 사계절 내내 싱그럽게 유지되어 겨울철 실내외에서 높은 관상 가치를 뽐내는 관엽식물이다. 남해안과 제주도 등 따뜻한 지역에서는 노지 월동이 가능하지만 내한성은 비교적 약하다. 원산지는 중국 남부, 대만, 일본으로 산지 계곡의 그늘지고 습윤한 숲 바닥이나 낙엽층이 두껍게 쌓인 음지에서 자라며, 내음성이 강해 실내나 그늘진 정원에서도 잘 적응한다.

↕ 0.3~0.6m | ↔ 0.3~0.6m | -18℃ | 반음지~음지

나도히초미 *Polystichum polyblepharum*

광택이 나는 짙은 녹색 잎이 고르게 퍼져 아치형으로 성장하는 상록성 양치식물이다. 정원이나 숲속 음지에서 구조적 포인트로 활용하기 좋다. 겨울에도 환경에 따라 잎이 상록 또는 반상록으로 녹색을 유지해 충분한 관상 가치가 있고, 잎 끝의 톱니가 섬세하게 잘게 갈라지며 독특한 초록 질감을 더하는 효과도 있다.

↕ 0.5~0.8m | ↔ 0.6~1.0m | -29℃ | 반그늘

오리엔탈양귀비 *Papaver orientale*

봄에 크고 강렬한 색상의 꽃으로 정원을 장식하는 여러해살이 양귀비로, 흔히 '숙근양귀비'라고 부른다. 겨울 기온이 온화한 지역에 심으면 지상부가 사라지지 않고 싱그러운 형광 녹색빛 잎을 단 채로 겨울을 나며 이 때문에 겨울정원용 지피식물로도 활용하기도 한다. 다양한 꽃색의 품종이 선발되어 있다.

↕ 0.6~0.9m | ↔ 0.4~0.6m | -40℃ | 양지

미크로필라세이지 '트리컬러' *Salvia microphylla* 'Tricolor'

잎 가장자리가 선명한 분홍색과 흰색으로 테두리져 독특한 삼색 무늬를 보이는 것이 가장 큰 특징이다. 겨울철에도 잎이 싱그럽게 남아 지피식물로 활용할 수 있으며, 전체적으로 화단에 고급스러운 색감을 더해준다. 원종은 멕시코와 남서부 미국의 건조하고 햇빛이 강한 산지에서 기원했다.

↕ 0.6~0.9m | ↔ 0.5~0.8m | -18℃ | 양지

털깃털이끼 *Hypnum plumaeforme*

이끼는 겨울정원에 초록과 함께 싱싱함과 촉촉함을 더해주는 좋은 소재다. 털깃털이끼는 비교적 대형 이끼에 속하며, 깃털처럼 섬세하고 부드러운 잎이 층층이 펴져 마치 작은 숲을 연상시킨다. 양지성 이끼인 늦은서리이끼(*Racomitrium japonicum*) 등과 더불어 정원에서 가장 많이 활용되는 이끼류다. 겨울에도 싱그러운 녹색을 유지해 숲속 음지나 정원 바닥을 덮는 지피식물로 활용하기 좋고, 반그늘에서 그늘진 환경까지 잘 적응하며 습윤하고 배수가 잘되는 토양을 선호한다.

겨울정원에 심기 좋은 상록침엽수

구상나무 *Abies koreana*

우리나라 토종식물로 한라산, 지리산, 덕유산 같은 높은 산에서 자라며 원뿔형의 수형을 활용하기 위해 정원에 심는다. 잎의 앞면은 광택 나는 짙은 녹색이며, 뒷면은 하얀색으로 보드라운 느낌이다. 초여름에는 구과*가 열려 좋은 감상 요소가 된다. 다양한 품종이 있으며 그중 '실버로크'(Silverlocke)는 잎 끝이 꼬불꼬불 뒤집어져 하얀 뒷면이 드러나는 독특한 모습을 보인다. 영국왕립원예협회로부터 우수 정원식물로 선발됐다.

↑12m ↔ 4~8m, -29℃, 양지~반음지

* 솔방울, 잣송이 같은 구과식물의 열매. 과축(果軸) 둘레 목질의 비늘 조각이 성숙함에 따라 벌어진다.

황금실화백 *Chamaecyparis pisifera* 'Filifera Aurea'

원뿔 모양의 수형에 황금색 가는 잎이 축축 늘어져 우아해 보이는 상록침엽수다. 키가 8미터 남짓으로 자라는데 수형이 아름다워 독립수나 정원의 뒷배경으로 심기 좋고 강전정에도 잘 견디므로 촘촘하게 식재해 생울타리나 가림벽으로 활용할 수 있다. 색감과 질감이 매우 훌륭하다.

↑12m ↔ 4~8m, -29℃, 양지~반음지

은청가문비나무 *Picea pungens*

은청색 잎이 고급스럽고 겨울과 잘 어울리는 교목성 침엽수다. 북미 로키산맥 해발 2000~3000미터 산지의 습도가 높은 지역에서 자생한다. 원종은 기본적으로 원뿔 모양의 수형을 이루며, 아담하고 정갈한 자태로 포인트가 되는 품종 '호오프시'(Hoopsii)를 비롯해 많은 우수 품종이 선발되어 있다.

↕6~18m ↔ 3~6m, -46℃, 양지

고산향나무 '블루 스타' *Juniperus squamata* 'Blue Star'

키가 50센티미터 이하로 작게 자라는 왜성 침엽수다. 몽글몽글한 부정형으로 땅에 붙어 자라며, '블루 스타'라는 이름처럼 잎 끝이 뾰족하고 선명한 파란색이어서 겨울정원에 푸른 색상을 더하기에 좋다. 화단 모서리에 군락으로 모아 심어 땅을 덮거나 암석원 돌 틈새 등에 심기 좋다. 고산향나무는 아프카니스탄으로부터 중국에 이르는 중앙아시아 산악지대에 자라는 향나무 종류로 '블루 스타' 외에도 다양한 품종을 정원에 활용한다.

↕0.1~0.5m ↔ 0.5~1m, -34℃, 양지

시베리아눈측백 *Microbiota decussata*

이름이 알려주듯 러시아 남동부 지역이 원산지이며 1속 1종의 침엽수다. 1미터가 넘지 않는 낮은 키로 바닥에 붙어 넓게 퍼져 자란다. 치밀하고 정교한 질감의 잎은 여름에는 싱그러운 녹색이다가 겨울에 청동색으로 변해 고풍스러운 운치를 더한다. 건조와 추위에 강하다.

↕0.1~0.5m ↔ 1~1.5m, -40℃, 양지~반음지

독일가문비 '프로쿰벤스' *Picea abies* 'Procumbens'

독일가문비나무는 유럽 원산의 추위에 강한 침엽수로 원종은 키가 40미터까지 자라는 교목이다. 대표적인 관상용 침엽수답게 다양한 크기와 모양의 품종이 선발되어 있다. 품종 '프로쿰벤스'는 키가 15센티미터 이하로 바닥에 낮게 깔려 자라는 왜성 침엽수 종류로, 잎은 짙은 녹색이며 작고 가늘다. 가지에 잎이 무성하게 돌려나 촘촘해 보이며 마치 화단 바닥에 초록색 매트를 깔아준 듯한 효과를 낸다.

↕0.1~0.5m ↔1~1.5m, -34℃, 양지

화백 '블러바드' *Chamaecyparis pisifera* 'Boulevard'

은청색 잎이 아름다운 화백 품종이다. 낚싯바늘처럼 살짝 휘어진 바늘잎이 자연스런 곡선을 만들어 부드러운 느낌을 주며 잎 앞면과 뒷면의 색이 조금씩 달라서 보는 각도에 따라 다른 느낌이 난다. 멀리서 보면 살짝 진눈개비나 서리가 내려앉은 듯한 모습이어서 겨울 경관에 잘 어울린다. 아담한 크기로 자라는 원뿔 모양 나무로 작은 정원에 포인트로 심기 좋다.

↕4~8m ↔2.5~4m, -34℃, 양지

편백 '나나 루테아' *Chamaecyparis obtusa* 'Nana Lutea'

밝은 황금색 잎으로 겨울정원에 경쾌함을 더하는 왜성 편백 품종이다. 부채꼴 모양의 잎이 여러 장 중첩돼 패턴을 만들며 잎 색상이 안쪽에서 바깥쪽으로 갈수록 녹색에서 진한 노란색으로 변한다. 아담한 크기로 자라는 원뿔 모양의 침엽수로 정원 한편에 작은 포인트로 연출하면 좋다.

↕0.9~1.5m ↔0.9~1.5m, -34℃, 양지~반음지

코니카가문비 *Picea glauca* var. *albertiana* 'Conica'

전형적인 고깔 모양의 수형이 인상적인 가문비나무 품종이다. 매우 가는 바늘잎이 가지에 촘촘히 돌려난다. 잎 색은 옅은 청록색을 띠어 전체적으로 질감이 부드러워 보인다. 정원에 포인트로 심기 좋다.

↑1.5~2.5m ↔ 1~1.5m, -46℃, 양지

무고소나무 '윈터 골드' *Pinus mugo* 'Winter Gold'

무고소나무는 유럽 중부 지역의 산악지대에서 자라는 소나무 종류다. 흔히 보는 소나무와 달리 반송이나 눈잣나무처럼 가지가 부챗살 모양으로 올라와 아담한 크기의 덤불로 자란다. 특히 품종 '윈터 골드'는 겨울이면 잎에 황금색 무늬가 진해져, 마치 황금색 덤불로 겨울정원에 밝은 색감을 더하는 효과를 줄 수 있다.

↑2.5~4m ↔ 4~8m, -46℃, 양지

세르비아가문비 '펜둘라' *Picea omorika* 'Pendula'

세르비아가문비는 동유럽의 세르비아와 보스니아 산지에서 자라는 상록 침엽수다. 특히 품종 '펜둘라'는 수형이 매우 독특하다. 가지가 아래로 늘어지면서도 그 끝은 위를 향해 독특한 맵시가 난다. 마치 등을 구부정하게 수그린 거인이 느릿느릿 걷는 것 같은 모습이다. 조형미가 뛰어나 정원에 포인트로 심기에 좋다.

↑12m ↔ 1.5~2.5m, -34℃, 양지

반들애리조나쿠프레수스 '블루 아이스'
Cupressus arizonica var. *glabra* 'Blue Ice'

밝은 에메랄드색 바늘잎과 단정한 원추형 수형이 무척 아름다워 정원에서 돋보이는 시각적 포인트로 활용하기 좋은 침엽수다. 겨울에도 독특한 바늘잎 색상이 유지되어 차가운 색감과 단정한 형태를 감상할 수 있고, 눈이나 서리가 내려도 형태가 잘 보존되기 때문에 겨울철 경관을 안정적으로 유지한다.

↕ 5~8m | ↔ 2~3m | -23℃ | 양지

투야 플리카타 '휘프코드' *Thuja plicata* 'Whipcord'

가늘고 길게 늘어진 실 모양 잎이 마치 휘어진 줄기처럼 드리워지는 독특한 형태가 특징적이다. 겨울에도 잎은 짙은 녹색을 유지하며 늘어진 실 모양 가지가 단정하게 남아 조형미와 질감을 부여하기 때문에 정원에 구조적인 포인트로 활용하기 좋다. 느리게 자라는 관목형으로, 정원에서 다양한 용도로 활용할 수 있다.

↕ 1~2m | ↔ 0.5~1m | -29℃ | 양지~반음지

개비자나무 '프로스트라타'
Cephalotaxus harringtonia 'Prostrata'

낮게 기는 형태로 자라는 개비자나무 품종이다. 땅을 덮듯 낮게 퍼지는 포복형 수형, 촘촘하고 짙은 녹색 잎이 큰 특징으로 정원에서 바탕식물이나 지피식물로 활용하기에 적합하다. 겨울에도 잎 색상이 유지되어 단정한 녹색 매트를 형성하고, 포복하듯 퍼진 가지 모양이 겨울철 정원에 질감과 조형미를 부여한다.

↕ 0.3~0.6m | ↔ 1.5~2.0m | -23℃ | 반음지~음지

해변노간주 *Juniperus rigida* var. *conferta*

짙은 녹색 바늘잎과 바닥에 딱 붙어서 자라는 줄기가 인상적인 침엽수이다. 겨울에도 짙은 녹색을 유지하는 잎이 단정하게 퍼진 가지에 그대로 남아 정원에 구조적 질감과 조형미를 부여한다. 해풍과 염분에 강하고 내건성이 뛰어나 해안가나 척박한 토양에서도 잘 자라며, 정원에서는 경계부나 바위틈에 심거나 컨테이너용*으로도 활용할 수 있다.

↕ 0.3~0.5m | ↔ 3.0~3.0m | -29℃ | 양지~반음지

• 식물을 용기에 담아 재배하는 방식.

서양주목 '파스티기아타 아우레아' *Taxus baccata* 'Fastigiata Aurea'

가지 끝부분 잎에 노란 무늬가 들어가고 매우 촘촘하게 직립하는 수형을 가진 서양주목 품종이다. 정원에서 세로로 솟는 구조적 포인트로 활용하기 좋다. 느리게 성장하며 겨울에도 잎 색상이 유지되어 사계절 내내 정원에 안정적인 질감과 색감을 부여할 수 있다. 음지와 반그늘에서도 잘 자라며 작은 정원, 경계부 식재 등 다양한 용도로 활용하기 좋다.

↕ 2.0~3.0m | ↔ 0.5~1.0m | -21℃ | 반음지~음지

삼나무 '글로보사 나나' *Cryptomeria japonica* 'Globosa Nana'

둥글고 아담한 수형으로 자라는 삼나무 품종이다. 겨울에도 짙은 녹색 바늘잎으로 단정한 형태를 유지한다. 작은 구체형 구조가 정원에 안정적인 조형미를 제공해 포인트 식물로 연출하면 좋다. 느리게 성장하며 관리하기 쉽다.

↕ 0.5~1.0m | ↔ 0.5~1.0m | -23℃ | 반음지~음지

겨울정원에 심기 좋은 상록활엽수

유럽호랑가시나무 *Ilex aquifolium*

호랑가시나무는 영어로는 '홀리(Holly)'라고 부르며 뾰족한 잎과 붉은 열매가 상징적인 크리스마스 장식으로 쓰인다. 대표적인 상록활엽수로 잎 가장자리의 날카로운 톱니 때문에 호랑이가 등을 긁는 데 썼다고 해서 호랑가시나무라고 부른다. 유럽호랑가시나무는 우리나라 자생 호랑가시나무(*I. cornuta*)에 비해 잎이 더 얇고 더 번들거려서 마치 플라스틱처럼 보인다. 오랫동안 정원식물로 활용해 온 만큼 각양각색의 아름다운 잎을 가진 수백여 가지 품종이 선발되어 있다.

↑12m ↔ 4~8m, -18°C, 양지~반음지

마취목 *Pieris japonica*

일본과 중국에 자생하는 진달래과의 상록활엽수다. 아담한 크기로 자라며 수형이 아름다워 작은 정원에 포인트로 심기 좋다. 추위에 강해 우리나라 중부지방에서도 상록으로 월동한다. 싱그러운 녹색 잎이 달린 가지에 진달래과 특유의 종 모양 꽃이 포도송이처럼 늘어지며 겨울에는 꽃눈 상태로도 훌륭한 볼거리가 된다.

↑1~1.5m ↔ 1~1.5m, -29°C, 양지~반음지

통영볼레나무 *Elaeagnus pungens*

일본과 중국이 원산지인 보리장나무 종류다. 은백색으로 번들거리는 잎에서 청량감이 느껴지며 특히 노란 무늬가 들어간 품종을 정원에 많이 심는다. 품종 '마쿨라타'(Maculata)는 잎 안쪽에, '바리에가타'(Variegata)는 잎 가장자리에 노란 무늬가 있다.

↕ 2.5~4m ↔ 2.5~4m, -18℃, 양지~반음지

구골나무 '고시키' *Osmanthus heterophyllus* 'Goshiki'

구골나무는 일본과 대만 등지에 자생하는 물푸레나무과의 상록활엽수로 아담한 크기로 천천히 촘촘하게 자란다. 톱니가 날카로운 가죽질 잎은 호랑가시나무 잎을 연상시킨다. 품종 '고시키'는 미색이나 청동색, 분홍색 산반 무늬가 잎에 번지듯 들어가 있어 고급스러운 느낌이 난다.

↕ 1~1.5m ↔ 1~1.5m, -18℃, 양지~반음지

다비디분꽃나무 *Viburnum davidii*

중국 서부가 원산지인 인동과의 상록성 관목이다. 우리나라에 자생하는 분꽃나무속 식물들이 대부분 낙엽성인 데 반해 상록성이라는 점이 특이하다. 두꺼운 가죽질의 진녹색 잎은 긴 타원 모양이며, 잎맥은 평형을 이루며 깊게 파여 형태가 특이하다. 화단의 빈 공간이나 경계부에 심기 좋다. 문헌에는 우리나라 중부지방에서 월동하지 못한다고 나와있으나 실제로는 생육한 사례가 있다.

↕ 1~1.5m ↔ 1~1.5m, -18℃, 양지~반음지

식나무 '크로토니폴리아' *Aucuba japonica* 'Crotonifolia'

식나무는 우리나라와 일본에 자생하는 관목이다. 2~3미터의 키로 둥그스름하게 자라며 밝은 녹색 잎이 아름다워 정원에 많이 심는다. 품종 '크로토니폴리아'는 잎에 노란색 반점이 있는 것이 특징이다. 난대성 수종으로 주로 남부지방에서 자라지만 추위에 강한 편이어서 성숙한 나무인 경우 일부 중부지방에서도 생육이 가능하다.

↕ 1.5~2.5m ↔ 1.5~2.5m, -18℃, 양지~반음지

꽝꽝나무 *Ilex crenata*

우리나라와 일본, 사할린 등지가 원산지인 감탕나무과의 상록활엽성 관목이다. 촘촘하게 자란 가지에 작은 잎이 가득 달린 모습이 울타리용으로 많이 심는 회양목을 닮았다. 회양목은 겨울 단풍이 들어 녹갈색으로 변하지만 꽝꽝나무는 겨우내 푸른빛을 유지하므로 그 대용으로서 훌륭하다. 다양한 품종을 선발해 정원식물로 활용하고 있으며, 잎이 볼록렌즈 모양으로 튀어나온 둥근잎 꽝꽝나무(*I. crenata* 'Convexa')나 어린잎이 황금색을 띠는 꽝꽝나무 '골든 젬'(*I. crenata* 'Golden Gem')이 대표적이다.

↕ 4~8m ↔ 1~1.5m, -29℃, 양지~반음지

메디아뿔남천 '윈터 선' *Mahonia x media* 'Winter Sun'

뿔남천(*M. japonica*)은 우리나라와 대만 등지에서 자생하는 매자나무과의 상록활엽수다. 광택이 나는 뾰족한 가죽질 잎이 줄지어 달리며 나무 맨 위쪽에서 노랗고 긴 꽃차례가 분출하듯 솟아나 조형미를 감상하기 위한 독립수로 심는다. 반면에 메디아뿔남천은 뿔남천과 중국뿔남천(*M. lomariifolia*)을 교잡해 꽃이 더 크고 풍성하게 피도록 개량한 것이다. 그중 '윈터 선'은 노란색 꽃이 더 풍성하고 아름답다.

↕ 2.5~4m ↔ 1.5~2.5m, -18℃, 양지~반음지

실유카 '컬러 가드' *Yucca filamentosa* 'Color Guard'

실유카는 북미 동부 지역이 원산지인 아스파라거스과의 상록활엽수다. 기다란 잎이 아래쪽에 돌려난 모양새가 뉴질랜드삼이나 파인애플을 연상시키며 열대나 아열대 지방 식물 같기도 하다. 실제로는 내한성이 아주 강하며 잎이 위로 쭉 뻗어 자라서 수직적인 느낌을 연출하고 싶을 때 활용한다. '컬러 가드'는 색감이 뚜렷한 편인데 잎 가운데에 노란 무늬가 있고 가장자리는 녹색을 띤다. 추운 지방에서는 겨울에 살짝 잎이 붉어진다. 잎 안팎의 무늬가 반대로 들어가는 품종 '브라이트 에지'(Bright Edge)도 아름답다.

↕1.5~2.5m ↔1~1.5m, -34℃, 양지

좀사철나무 *Euonymus fortunei*

좀사철나무는 잎이 사철나무보다 작고 긴 타원형이며 바닥에 낮게 깔리거나 키가 작은 덤불로 자란다. 화단 바닥을 덮거나 빈 공간을 볼륨감 있게 채우기 좋다. 잎 색상이 다양한 품종이 선발되어 있다. 그중 '에메랄드 앤 골드'(Emerald 'n' Gold)는 진녹색 잎 가장자리에 황금색 줄무늬가, '에메랄드 게이어티'(Emerald Gaiety)는 흰색 줄무늬가 있다. 겨울에는 두 품종 모두 줄무늬에 단풍이 든 것처럼 살짝 분홍색을 띤다.

↕0.5~1m ↔1~1.5m, -29℃, 양지~반음지

아이비 '글레이셔' *Hedera helix* 'Glacier'

아이비는 유럽 전역과 서아시아 일부 지역에서 자라는 두릅나무과의 덩굴성 식물로 정원에 많이 쓴다. 우리나라에는 같은 속에 송악(*H. rhombea*)이 있다. 흔히 벽면을 타고 자라게 해 푸른 수벽을 만들거나 바닥에 퍼져 자라게 해 지피식물로 활용하는데, 겨울정원에서는 후자로 많이 이용한다. 다양한 품종을 정원식물로 사용하고 있으며 그중 '글레이셔'의 하얀 무늬 잎은 겨울 분위기를 내기에 적당하다.

↕1.5~2.5m ↔0.5~1m, -34℃, 반음지~음지

콜치카아이비 *Hedera colchica*

콜치카아이비는 터키와 지중해가 원산지인 아이비 종류로 흔히 보던 아이비에 비해 잎이 3~4배는 크다. 무늬가 있는 품종을 많이 활용하는데 그중 '설퍼 하트'(Sulphur Heart)는 녹색 잎 가운데, '덴타타 바리에가타'(Dentata Variegata)는 잎 가장자리에 노란 무늬가 있다.

↕ 4~8m ↔ 2.5~4m, -23℃, 반음지~음지

태산목 *Magnolia grandiflora*

북미에서 온 목련과의 상록성 교목이다. 여름에 커다란 목련 꽃이 피고 수형도 웅장하고 근사하게 자라 '북미 나무의 신사'라는 별명이 있을 만큼 멋스러운 나무다. 커다란 가죽질 잎의 윗면은 짙은 녹색에 광택이 나고 뒷면은 갈색 털이 빼곡히 나있어 질감의 대비가 고급스럽다. 다양한 품종이 선발되어 있는데, '리틀젬'(Little Gem)은 아담한 크기로 자라 작은 정원에 잘 어울리고 '에디스 보그'(Edith Bogue)는 품종들 중에서 추위에 가장 강하다.

↕ 20m ↔ 10m, -18℃, 양지~반음지

동청괴불나무 *Lonicera nitida*

중국이 고향인 인동과의 상록성 관목이다. 번들거리는 녹색의 작은 잎들이 가지에 줄지어 촘촘히 붙어 나서 조밀해 보인다. 키가 작은 상록성 울타리를 만들거나 정원의 빈 공간을 채우기 좋다. 품종 '바게센즈 골드'(Baggesen's Gold)는 잎에 노란색 무늬가 있어 더 아름답다.

↕ 2.5~4m ↔ 2.5~4m, -18℃, 양지~반음지

레우코토이 폰타네시아나 *Leucothoe fontanesiana*

북미 동남부의 숲 가장자리와 습윤한 산지 지역의 그늘진 토양에서 주로 자라는 상록성 관목이다. 겨울철에도 잎이 푸르게 남아 화단이나 정원 바닥을 덮는 지피식물로 활용할 수 있다. 특히 녹색 바탕에 분홍과 크림색이 섞여 무지갯빛으로 변하는 잎을 지닌 '레인보우'(Rainbow)는 다채로운 색상으로 정원에 생기를 더하는 훌륭한 품종이다.

↕ 0.6~0.9m | ↔ 0.6~0.9m | -29℃ | 반음지~음지

꼬리진달래 *Rhododendron micranthum*

우리나라, 일본, 중국 동북부가 원산지이며 주로 산지 숲의 그늘지고 습윤한 지역에서 자생하는 상록성 관목이다. 초여름에 잎보다 긴 꼬리 모양 꽃차례마다 흰 꽃이 풍성하게 피어 아름답다. 겨울에도 초록 잎이 남아 구조적 포인트와 색감을 제공하고 추운 기온에서도 강인하게 겨울을 난다.

↕ 1.5~2.5m | ↔ 1.2~3.0m | -40℃ | 반음지~음지

칼미아 *Kalmia latifolia*

우산을 뒤집어 놓은 것 같은 독특한 모양의 분홍색 꽃이 봄철에 촘촘히 피어나는 상록성 관목이다. 겨울철에도 짙은 초록 잎이 그대로 남아 정원의 구조적 포인트로 기능하며, 추운 지역에서도 푸름을 잘 유지한다. 원산지는 북미 동부의 산악지대와 숲 가장자리로, 배수가 잘되는 산성 토양에서 자생하며 햇빛이 적당히 드는 곳을 선호한다.

↕ 1.5~3.0m | ↔ 1.5~3.0m | -34℃ | 양지~반음지

콜레티아 파라독사 *Colletia paradoxa*

납작한 삼각형 모양으로 변형된 가지 끝에 뾰족한 가시가 있고 가지 중간에서 하얀 꽃이 피는 매우 독특한 모양의 관목이다. 가지 끝 모양이 배를 정박할 때 쓰는 닻을 닮아 남미에서는 '닻나무'라고 부르며, 철조망을 연상시켜 '철조망나무'라는 별명으로도 알려져 있다. 겨울에도 상록으로 남아 장식용 포인트로 활용하기 좋다. 원산지는 남미, 특히 아르헨티나와 우루과이의 건조한 산지와 초원 지역에서 잘 자라며 건조한 환경도 잘 견디는 강건한 식물이다.

↕ 1.0~3.0m | ↔ 1.0~2.0m | -18℃ | 양지

구실잣밤나무 '안교 옐로' *Castanopsis sieboldii* 'Angyo Yellow'

새순이 밝은 황금빛으로 돋아나 짙은 녹색 잎과 대비되는 구실잣밤나무 품종이다. 한국 남부 해안 지역과 일본이 원산지로, 따뜻하고 습윤한 산지와 계곡 주변에서 잘 자란다. 겨울에도 잎이 상록으로 남아 정원에 싱그러움과 색채를 더한다.

↕ 6.0~10.0m | ↔ 3.0~5.0m | -18℃ | 양지

솜대 *Phyllostachys nigra* var. *henonis*

푸르른 댓잎의 싱그러움은 사계절 내내 아름답지만 특히 황량한 계절에 가치가 더욱 빛난다. 정원 한 편에 무리지어 자란 솜대는 삭막한 겨울 풍경 속에서 싱그러운 초록 배경이 되어주며, 대나무 특유의 세련된 분위기로 특별한 계절 장면을 만들어 낸다. 솜대는 동아시아에 널리 분포하는 대나무로, 우리나라 자생종 가운데 내한성이 가장 뛰어나 최근에는 서울 인근 중부지방에서도 무리 없이 월동하는 것을 볼 수 있다.

↕ 6.0~12.0m | ↔ 군락 형성 | -18℃ | 양지~반음지

이른 봄에 꽃피는 구근

설강화 *Galanthus nivalis*

이른 봄에 꽃피는 구근 중에서도 가장 일찍 피는 것 중 하나다. 영어로는 스노우드롭(Snow Drop), 즉 '눈송이'라고 부르는데 작고 여린 꽃대 끝에 달린 묵직한 흰 꽃송이가 정말 눈송이를 닮았다. '눈을 뚫고 피어난다'는 뜻의 이름처럼 실제로 눈 속에서도 피어나며 그 모습이 감동적이다. 유럽이 원산지인 백합과의 식물로 500가지 이상의 다양한 품종이 개발되어 있다.

↕ 0.1~0.5m ↔ 0.1m, -40℃, 양지~반음지

은방울수선 *Leucojum aestivum*

시원하게 뻗은 초록 잎 사이사이에 방울 모양의 하얀 꽃이 싱그럽게 피어있다. 꽃 모양이 비슷해서 흔히들 설강화와 헷갈리는데 자세히 보면 확연히 다르다. 식물체 크기가 좀 더 큰 은방울수선의 하얀 꽃은 눈발이 날리는 것처럼 보이고, 설강화는 눈송이가 달려있는 듯 보인다. 영어 이름도 은방울수선은 눈발(Snow Flake), 설강화는 눈송이다. 유럽 중부와 남부가 원산지인 백합과의 식물이다.

↕ 0.1~0.5m ↔ 0.1m, -34℃, 양지~반음지

수선화 '떼따떼뜨' Narcissus 'Tete-A-Tete'

봄꽃의 대명사다. 유럽 서남부에서 기원했으며 수백 가지 품종을 선발해 정원에 활용하고 있다. 대부분의 수선화가 4월 중순경에 꽃을 피우지만 품종 '떼따떼뜨'는 더 일찍 핀다. 한 꽃대에 두 송이가 올라와 마치 두 사람이 머리를 맞대고 마주 앉은 듯한 모습이며, 시클라멘 꽃을 닮은 시클라멘수선화(N. cyclamineus)에서 선발한 품종이다. 양지바른 곳에 무리 지어 심으면 훌륭한 경관을 보여준다. 한편 트럼펫을 닮은 꽃이 피는 나팔수선화(N. bulbocodium)도 이른 봄에 꽃핀다.

↕ 0.1~0.5m ↔ 0.1m, -34℃, 양지~반음지

파피라케우스수선화 Narcissus papyraceus

수수한 순백의 작은 꽃들이 다발로 모여 피어 향기를 퍼뜨리는 아름다운 수선화다. 기후가 온화한 지역에서는 이른 겨울부터 피어 겨우내 꽃을 볼 수 있고, 푸른빛이 도는 줄기와 잎이 어울려 특별한 싱그러움이 느껴진다. 유럽과 미국에서는 페이퍼화이트(Paperwhite)라는 이름으로 크리스마스에 실내 화분용으로 널리 활용하며, 내한성이 약해 노지 월동은 온화한 지역에서만 가능하다. 흔히 '제주향수선'이라고 부르는 수선화(N. tazetta subsp. chinensis)와 닮았지만 이 식물이 꽃도 더 작고 수수한 느낌이 난다.

↕ 0.3~0.5m ↔ 0.1~0.2m -12℃ 양지

노랑너도바람꽃 Eranthis hyemalis

프랑스 남부와 불가리아 등지의 서유럽이 원산지인 미나리아재비과의 식물이다. 종명인 히에말리스(hyemalis)는 라틴어로 '겨울에 꽃이 피는'이라는 뜻이고 우리나라의 너도바람꽃(E. stellata)과 같은 속에 속한다. 숲속의 거름진 토양에서 잘 자라며 나무들이 잎을 매달기 전인 이른 봄에 충분한 볕을 받으며 꽃핀다. 꽃 크기는 작지만 무리 지어 심으면 노란 융단을 깔아놓은 듯하다.

↕ 0.1m ↔ 0.1m, -40℃, 양지~반음지

크로커스 *Crocus* sp.

컵 모양 꽃이 하늘을 올려다보며 피는 모습이 마치 먹이를 달라고 입 벌린 아기 새 같아 보인다. 흰색, 파란색, 보라색, 노란색 등 다양한 꽃 색깔을 가지고 있다. 유럽에서부터 아시아대륙 일부에 이르는 넓은 지역에 분포하는 붓꽃과의 식물로 90여 종이 있다. 오래전부터 정원식물로 사랑받아 왔고 다양한 품종이 선발되어 있다.

↕0.1m ↔ 0.1m, -40℃, 양지

코움시클라멘 *Cyclamen coum*

광택이 나는 동글동글한 잎은 녹색이며 은색 무늬가 새겨져 있다. 크기는 작지만 진한 분홍색 꽃과 특색 있는 잎으로 시선을 사로잡기에 충분하므로 정원 구석을 꾸미기에 좋다. 터키와 코카서스 지방이 원산지인 앵초과의 알뿌리식물이다.

↕0.1m ↔ 0.1m, -40℃, 양지

실라 *Scilla* sp.
키오노독사 *Chionodoxa* sp.

지중해와 아프리카, 중동 지역이 원산지인 백합과의 식물들이다. 둘은 매우 가까운 식물인데 자세히 들여다보면 꽃 모양에서 확연한 차이가 난다. 키오노독사는 판판하고 납작한 수술이 꽃 가운데에 컵처럼 모여있고 그 주변에 꽃잎이 동그랗게 돌려나 하늘을 보며 핀다. 반면 실라 꽃은 자유로운 모양이며 키오노독사보다 더 늦게 핀다. 둘 다 숲속에 군락으로 심으면 보라색 카펫을 깐 것 같은 효과를 낸다.

↕0.1m ↔ 0.1m, -40℃, 양지~반음지

크루지아나튤립 '신시아' *Tulipa clusiana* 'Cynthia'

자생지에서 자라는 튤립 원종은 흔히 볼 수 있는 개량 튤립과는 다른 매력이 있다. 크기는 아담하지만 튤립 특유의 도도하고 섬세한 아름다움이 빼어나 시선을 사로잡는다. 육종된 튤립과 달리 한 번 심어두면 매년 그 자리에서 피고 지기 때문에 캐어냈다가 다시 심어야 하는 번거로움이 적다. 원종 튤립들은 일반적으로 개화기가 빠른 편이며 노란색 꽃이 화사한 타르다튤립(*T. tarda*), 이란, 시리아 등지에서 기원한 후밀리스튤립(*T. humilis*) 등이 있다. 그중 크루지아나튤립 '신시아'를 많이 심는다.

↕ 0.1~0.5m ↔ 0.1m, -40℃, 양지

레티쿨라타붓꽃 *Iris reticulata*

붓꽃 중에서 이른 봄에 꽃피는 종류는 대부분 알뿌리식물이며 흔히 구근 아이리스라고 부른다. 키는 작지만 정교하고 예쁜 꽃을 피워 잘 활용하면 이른 봄에 정원의 포인트가 된다. 짙은 보라색으로 꽃피는 레티쿨라타붓꽃과 노란색으로 꽃피는 단포르디아이붓꽃(*I. danfordiae*) 등이 대표적이다. 구근 아이리스도 여러 가지 품종이 있는데 그중 붓꽃 '캐서린 호지킨'(*Iris* 'Katharine Hodgkin')은 무늬가 아름다운 것으로 유명하다.

↕ 0.1~0.5m ↔ 0.1m, -29℃, 양지

향기별꽃 *Ipheion uniflorum*

남미 아르헨티나와 우루과이가 원산지인 백합과 식물이다. 신기하게도 잎을 뜯어서 향기를 맡아보면 부추향이 난다. 6장의 꽃잎이 정교하게 돌려난 모양이 아름다워 향기별꽃이라고 부른다. 3~4가지 품종이 있으며 은은한 하늘색 꽃이 아름다운 '위슬리 블루'(Wisley Blue)가 유명하다. 양지바른 언덕에 군락으로 심으면 보기 좋다.

↕ 0.1m ↔ 0.1m, -29℃, 양지~반음지

블루벨 Hyacinthoides non-scripta

백합과에 속하는 봄꽃으로 지중해 지역이 원산지다. 종 모양의 파란 꽃이 아름다워 블루벨이라고 부르는데 파란색뿐만 아니라 분홍색이나 흰색 꽃이 피는 것도 있다. 히야신소이데스(Hyacinthoides)라는 속명을 보면 알 수 있듯이 꽃핀 모습이 히아신스와 닮았다. 군락으로 모아 심으면 장관을 연출할 수 있다.

↕ 0.1~0.5m | ↔ 0.1m, −29℃, 반음지

네리네 Nerine spp.

꽃이 줄어들기 시작하는 늦가을, 풀잎들 사이에서 갑자기 정교하고 화려한 모습으로 꽃이 피어 놀라움을 안기는 식물이다. 남아프리카 공화국의 건조한 바위 언덕과 초원 지대가 원산지로, 꽃은 주로 늦가을부터 초겨울까지 정원에서 특별한 감상 요소가 되며 겨울에 잎이 나 싱그러운 녹색 경관을 만든다. 대표종 네리네 보우데니(N. bowdenii)를 비롯해 다양한 종과 품종이 원예용으로 보급되고 있다. 내한성은 약한 편이다.

↕ 0.3~0.6m | ↔ 0.2~0.4m | −12℃ | 양지

무스카리 Muscari spp.

이른 봄 포도송이처럼 작은 파란 꽃이 빽빽하게 달려 앙증맞고 독특한 매력을 뿜내는 구근식물이다. 구가 퇴화하지 않고 잘 분화해 몇 해 지나면 심은 자리를 중심으로 풍성하게 번식하며, 원종 튤립 등 다른 구근식물과 혼식하면 더욱 다채로운 색감을 연출할 수 있다. 내한성이 강하고 배수가 좋은 양지에서 잘 자란다. 원산지는 지중해 연안과 소아시아, 코카서스 지역으로 햇볕이 잘 드는 건조한 언덕, 초원, 암석지대에서 자생한다. 꽃색이 다양한 품종이 선발되어 있다.

↕ 0.2~0.3m | ↔ 0.1~0.2m | −40℃ | 양지~반음지

겨울에 꽃피는 나무

납매 *Chimonanthus praecox*

'동짓달에 피는 매화'라는 뜻의 이름처럼 매화보다 이른 한겨울에 꽃핀다. 반투명한 노란 꽃은 밀랍으로 만든 것처럼 여려 보이지만 엄동설한에도 그윽한 향기를 뿜어낸다. 중국의 숲에서 자라는 받침꽃과의 관목이다.

↕ 2.5~4m ↔ 1.5~2.5m, -18℃, 양지~반음지

풍년화 *Hamamelis japonica*

이 나무에 꽃이 얼마나 풍성하게 피느냐에 따라 그해의 풍흉을 점쳤다고 해서 풍년화라 부른다. 치어리더의 응원소품 같이 생긴 예쁜 꽃은 향기까지 은은하다. 특히 인테르메디아풍년화(*H. × intermedia*)는 일본이 원산지인 풍년화 원종과 중국풍년화(*H. mollis*)를 교잡해 꽃을 더 화려하게 만든 것으로, 정원에 많이 심는다. 주황색 꽃이 피는 '옐레나'(Jelena), 진노란색 꽃이 매력적인 '바름슈테트 골드'(Barmstedt Gold), 붉은 꽃이 피는 '다이엔'(Diane) 등 다양한 품종이 있다.

↕ 2.5~4m ↔ 2.5~4m, -29℃, 양지~반음지

삼지닥나무 *Edgeworthia chrysantha*

닥종이를 만들 때 썼다는 닥나무 종류로 가지가 세 갈래로 갈라지며 자라 삼지닥나무라 부른다. 초봄에 잎이 나기도 전에 노란 꽃이 먼저 둥글게 모여 피는데 향기가 일품이다. 수형도 아름답고 꽃피기 전 큼지막한 꽃눈도 훌륭한 볼거리가 된다. 붉은색 꽃이 피는 '레드 드래곤'(Red Dragon) 품종도 매혹적이다.

↕1~1.5m ↔ 1~1.5m, -18℃, 양지~반음지

올분꽃나무 *Viburnum x bodnantense*

분 냄새만큼 향기가 좋다는 분꽃나무 중에서 초봄에 일찍 꽃피는 종류다. 둥글게 모여 피는 꽃이 화사하고 향기가 좋으며, 영국처럼 겨울이 포근한 지역에서는 한겨울에도 꽃피어 있다. 진분홍색 꽃이 피는 '던'(Dawn)과 흰색에 가까운 연한 분홍색 꽃이 피는 '찰스 러몬트'(Charles Lamont) 같은 품종을 많이 심는다. 올분꽃나무의 엄마 나무이자 중국이 원산지인 패러리분꽃나무(*V. farreri*)도 겨울에 꽃과 향기를 즐기기 위해 많이 심는다.

↕1.5~2.5m ↔ 1~1.5m, -29℃, 양지~반음지

사르코코카 콘퓨사 *Sarcococca confusa*

중국 서부가 원산지인 회양목과의 상록성 관목이다. 광택 나는 상록성 잎이 촘촘하게 달려있어 회양목과 마찬가지로 울타리 등에 많이 활용한다. 꽃은 잎과 줄기 사이에서 작게 피어 눈에 잘 띄지 않지만 근처에 가면 달콤한 향기가 진하게 난다.

↕1.5~2.5m ↔ 1~1.5m, -18℃, 반음지~음지

퍼푸스인동 '윈터 뷰티' *Lonicera x purpusii* 'Winter Beauty'

괴불나무 종류 중 수술이 붉은 올괴불나무(*L. praeflorens*), 미색 꽃의 길마가지나무(*L. harae*) 등은 이른 봄에 꽃피는 종류이다. 퍼푸스인동 '윈터 뷰티' 역시 이른 봄에 꽃이 피고 향기까지 좋아서 향기를 감상할 목적으로 많이 심는다. 중국이 원산지인 향괴불나무(*L. fragrantissima*)와 스탠디쉬괴불나무(*L. standishii*)를 교잡한 것으로 꽃향기가 좋은 두 나무보다도 더 향이 진하다.

↕1.5~2.5m ↔1~1.5m, -29℃, 양지~반음지

네팔서향 '자클린 포스틸' *Daphne bholua* 'Jacqueline Postill'

네팔서향은 네팔 히말라야와 그 주변 해발 2000~3000미터 고산지대에서 자라는 팥꽃나무과의 관목이다. 가지 끝에 분홍 꽃이 모여 피고 가죽질의 연두색 잎과 잘 어울리며 무엇보다 꽃향기가 일품이다. 품종 '자클린 포스틸'은 네팔서향 중에서 내한성이 가장 강한 품종으로 다른 품종에 비해 겨울을 더 푸르게 난다. 우리나라 남해안 지역에 자생하는 서향(*D. odora*)도 향기가 좋아 겨울정원에 활용하기 좋다.

↕1.5~2.5m ↔1~1.5m, -18℃, 양지~반음지

별목련 *Magnolia stellata*

별목련은 목련 중에서 가장 이른 봄에 꽃피는 종류다. 가늘고 긴 꽃잎이 정교하게 돌려난 모습이 별 모양을 닮았으며 향기가 좋고 나무 가득 꽃핀다. 자라는 속도가 느려 마디가 촘촘해진 탓에 흡사 분재한 듯한 수형이 된다. 조형미가 훌륭하고 키가 작게 자라므로 작은 정원에 포인트로 심기 좋다. 별목련과 우리나라 제주도 지역과 일본에서 자생하는 토종 목련(*M. kobus*)을 육종해 만든 큰별목련(*M. × loebneri*)이 있는데, 앞의 두 목련보다 꽃이 크고 꽃잎도 많아 더 화려해 보인다.

↕1.5~2.5m ↔2.5~4m, -34℃, 양지~반음지

분홍미선나무 *Abeliophyllum distichum* f. *lilacinum*

미선나무(*A. distichum*)는 우리나라 특산식물로 물푸레나무과의 관목이다. 이른 봄에 개나리를 닮은 하얀 꽃이 덤불 가득 흐드러지게 피며 향기도 좋다. 외국에서도 매우 유명한 정원식물로서 흔히 '한국 개나리' '하얀 개나리' 같은 이름으로 부른다. 분홍미선나무는 꽃이 분홍색으로 피어 눈길을 끈다.

↕1~1.5m ↔ 1.5~2.5m, -29℃, 양지

춘추벚나무 '아우툼날리스' *Prunus subhirtella* 'Autumnalis'

겨울에 꽃피는 벚나무로, 정확하게는 가을부터 꽃피기 시작해 봄까지 가서 가을벚나무라고 부른다. 겨울에 벚꽃을 감상할 수 있다는 점이 흥미로우며 희거나 붉은 꽃이 요란하지 않아서 겨울 분위기와 잘 어울린다.

↕4~8m ↔ 4~8m, -34℃, 양지~반음지

벚나무 '엘레강스 미유키' *Prunus* 'Elegance Miyuki'

겨울에 꽃피는 벚나무 품종이다. 화사한 분홍빛을 띤 겹꽃이 겨우내 조금씩 이어지며 피다가 이른 봄 나무 가득히 만개한다. 최근 일본으로부터 도입되었으며 춘추벚나무의 한 품종으로 짐작한다.

↕4~6m ↔ 3~5m, -29℃, 양지~반음지

에리카 *Erica* sp.

에리카는 진달래과의 관목이다. 주로 유럽과 남아프리카의 높은 산지에서 바다에 낮게 붙어 작은 덤불을 이루어 자라며 860여 종이 있다. 잎과 꽃 색상이 매우 다양하며 가을과 겨울에 꽃피는 것이 많아 겨울용 소재로 오랫동안 활용해 왔다. 종 모양의 작은 꽃들이 나무 가득 풍성히 피어나 아름답다.

↕ 0.5~1m | ↔ 0.5~1m, -29℃, 양지

갯버들 '마운트 아소' *Salix gracilistyla* 'Mount Aso'

이른 봄 붉은 빛을 띤 보송보송한 버들강아지가 피어나는 갯버들 품종으로, 그 꽃이 특히 장식적이고 탐스럽다. 갯버들은 주로 하천변이나 습지, 물가 자갈밭 등 습윤한 환경에서 자생하며 '마운트 아소' 품종은 일본 구마모토 아소산 일대에서 선발되었다. 독특한 검은색 버들강아지가 피는 검은갯버들(*S. gracilistyla* 'Melanostachys')도 정원에 자주 활용한다.

↕ 1.5~2m | ↔ 1.5~2m | -34℃ | 양지

호랑버들 *Salix caprea*

이른 봄 샛노랗게 피어나는 호랑버들의 버들강아지도 크고 탐스러워 관상용으로 심을 만하다. 특히 이 시기에 피는 버들강아지는 긴 겨울을 난 곤충들에게 소중한 먹이원이 된다. 유라시아 대륙에 널리 분포하며 숲 가장자리, 하천변, 습윤한 산비탈 등 배수가 잘되면서도 수분이 충분한 환경에서 자생한다. 성질이 강건하고 나무의 수형도 단정해 정원수로 적합하다.

↕ 6~10m | ↔ 4~6m | -34℃ | 양지

애기동백 Camellia sasanqua

이른 가을부터 초겨울까지 나무를 가득 메우며 풍성하게 피어난 꽃이 정원에 색채와 생기를 더하는 상록성 관목이다. 꽃이 질 때 통꽃으로 떨어지는 동백과 달리, 홑잎으로 떨어진 꽃잎들이 바닥을 붉게 물들여 인상적인 풍경을 만든다. 꽃은 흰색, 연분홍, 진분홍, 붉은색까지 다양하며 일부 품종은 꽃잎에 그라데이션, 줄무늬, 얼룩무늬 등이 나타난다. 한편 '겨울동백나무'라고 불리는 히에말리스동백나무(*C. hiemalis*)도 초겨울부터 꽃이 핀다.

↕ 1.5~3m | ↔ 1~2m | -18℃ | 양지~반음지

클레마티스 키로사 Clematis cirrhosa

겨울철에도 꽃을 피우는 상록성 클레마티스로, 늦가을부터 초겨울까지 크림색과 연노랑 계열의 색감이 나는 향기로운 꽃을 감상할 수 있다. 겨울에도 싱그러운 잎을 유지해 장식 포인트로 활용하기 좋다. 지중해 연안 지역이 원산지로 건조한 언덕과 바위틈, 배수가 잘되는 양지에서 자생한다.

↕ 2~3m | ↔ 1.5~2m | -18℃ | 양지

산진달래 '미드윈터' Rhododendron dauricum 'Mid-winter'

꽃이 매우 일찍 피는 산진달래 품종으로, 지역에 따라 2월부터 꽃피는 경우도 있다. 연분홍색 작은 꽃들이 나무 전체를 덮어 정원에 은은한 생기를 더한다. 산진달래는 원래 높은 산 바위지대에서 자라는 상록성 관목으로 우리나라 북부지방과 제주도, 러시아, 몽골, 일본, 중국 등 동아시아에 넓게 분포하며, 주로 저지대에 자라는 낙엽성 관목인 진달래(*R. mucronulatum*)와는 차이가 있다.

↕ 1~1.5m | ↔ 1~1.5m | -29℃ | 양지~반음지

완도술꽃나무 *Stachyurus praecox*

길게 늘어지는 연한 황록색 꽃차례가 겨우내 좋은 장식 요소가 되며, 이른 봄 밝은 노란색 꽃이 주렁주렁 피어나면 더욱 화사한 모습이 된다. 원래는 일본에서만 자생한다고 알려져 일본 이름 '통조화'로 불렸지만 근래 전남 완도 지역에서 자생지가 발견되어 '완도술꽃나무'라는 우리 이름이 생겼다. 꽃이 붉은 통조화 '루브리플로루스'(Rubriflorus) 등 다양한 원예 품종이 선발되어 정원에 활용하고 있다.

↕ 2~3m | ↔ 1.5~2.5m | -23℃ | 양지~반음지

생강나무 *Lindera obtusiloba*

이른 봄 숲속에서 피어나는 생강나무 노란 꽃은 반가운 봄인사와 같다. 특히 수꽃이 달리는 수나무는 꽃이 더 풍성하게 피어 화려함을 더한다. 향기로운 잎과 가을철 황금빛 단풍이 아름다운 낙엽성 소교목으로, 우리나라를 비롯한 동아시아에 자생하며 산지 계곡과 숲 가장자리 등 배수가 잘되면서도 적당히 습한 환경에서 잘 자란다. 비슷한 시기에 꽃이 피는 중국 원산 산수유(*Cornus Officinalis*)와 함께 이른 봄꽃을 대표하는 소재로 정원에서도 널리 활용하고 있다.

↕ 3~5m | ↔ 2~4m | -29℃ | 양지~반음지

아름다운 겨울 풀꽃

헬레보루스 *Helleborus* sp.

꽃을 보기 위해 심는 대표적인 겨울 풀꽃으로 유럽과 중국이 원산지인 미나리아재비과의 여러해살이풀이다. 흔히 '크리스마스 로즈'라고 부르는 헬레보루스 니게르(*H. niger*)가 1월 중순에 하얀 꽃을 피우고, 헬레보루스 오리엔탈리스(*H. orientalis*)는 2월 중순에 진한 자주색으로 꽃핀다. 그 외에도 다양한 색상을 가진 품종이 많으며 계속 육종하고 있다. 꽃잎으로 보이는 부분이 꽃받침이라 꽃이 지고 나서도 계속 꽃피어 있는 것처럼 보인다.

↕ 0.1~0.5m, ↔ 0.1~0.5m, -40℃, 반음지~음지

복수초 *Adonis amurensis*

눈을 뚫고 피어나 봄을 가장 먼저 알리므로 봄의 상징이라 할 수 있는 노란 풀꽃이다. 가늘게 톱니가 갈라지며 풍성하게 돋아나는 연두색 잎과 노란 꽃이 잘 어울린다. 다른 나무에 새잎이 나기 전에 꽃피고 잎도 나며 초여름이면 여름잠을 잔다. 우리나라를 포함한 동아시아가 원산지인 미나리아재비과의 여러해살이풀이다.

↕ 0.1~0.3m, ↔ 0.1~0.3m, -40℃, 반음지~음지

불가리스앵초 *Primula vulgaris*

로제트 형태로 흙바닥에 딱 붙어 월동하다가 이른 봄에 작은 꽃이 촘촘히 핀다. 노란색, 흰색, 분홍색 등 꽃 색깔이 다양하다. 베리스앵초(*P. veris*) 등과 교잡해 만든 폴리안타앵초(*P. polyantha*)는 더 크고 꽃 색도 다양해 정원에 많이 심는다. 유럽 남부와 서아시아에 자생하는 앵초과의 반상록성 여러해살이풀이다.

↕ 0.1m, ↔ 0.1m, -34℃, 양지~반음지

큰앵초 *Primula jesoana*

초봄에 화사한 꽃이 피어 정원에 생기를 불어넣는 다년생 숙근초다. 작은 키에 연분홍색 꽃이 피는 앵초(*P. sieboldii*)보다 키가 더 크고 진한 분홍색 꽃이 핀다. 우리나라, 일본, 러시아 연해주 등 동아시아 고산지대와 습윤한 산지 계곡, 숲 가장자리에서 자생하며 차가운 기후와 습한 환경에 잘 적응한다.

↕ 0.2~0.3m | ↔ 0.2~0.3m | -34℃ | 양지~반음지

버지니아갯지치 *Mertensia virginica*

이른 봄 부드러운 초록 이파리 위로 하늘색 종 모양 꽃이 다발로 피어 숲속 바닥을 밝히는, 아름다운 봄꽃식물이다. 꽃봉오리는 처음에 분홍색을 띠지만 꽃잎이 펼쳐지면서 하늘색으로 피어나는 색상 변화가 인상적이다. 북미 동부의 습윤한 산지와 하천변 유기물이 많은 숲의 바닥에 산다.

↕ 0.3~0.5m | ↔ 0.3~0.4m | -40℃ | 양지~반음지

풀모나리아 오피키날리스 *Pulmonaria officinalis*

유럽의 숲속에서 자라는 지치과의 여러해살이풀이다. 점무늬가 있는 긴 타원형 잎이 폐를 연상시키며, 폐병을 치료하는 효과가 있다고 생각해 유럽에서는 오래전부터 약초로 활용해 왔다. 하지만 실제로는 약성이 없는 것으로 알려졌다. 반상록성 잎이 지표면을 덮고 있다가 봄이 다가오면 보라색이나 분홍색 작은 꽃이 핀다. 더 일찍 분홍 꽃이 피는 풀모나리아 루브라(*P. rubra*)도 겨울정원에 심기 좋다.

↕0.1~0.5m ↔ 0.1~0.5m, -40℃, 반음지~음지

할레리할미꽃 *Pulsatilla halleri*

중앙유럽의 알프스산맥에서 자라는 미나리아재비과의 여러해살이풀이다. 우리나라에서 자생하는 할미꽃은 꽃이 짙은 자주색이라 조금 어두운 느낌이 드는데 할레리할미꽃은 밝은 하늘색 꽃이 피어 화사하다. 유럽할미꽃(*P. vulgaris*)은 짙은 청색 꽃이 핀다.

↕0.3m ↔ 0.3m, -29℃, 양지~반음지

이베리스 셈페르비렌스 *Iberis sempervirens*

상록으로 겨울을 나는 숙근초로, 이른 봄에 하얀 꽃이 풍성하게 피어 정원 바닥을 밝게 장식하는 식물이다. 정원 바닥에 낮게 깔려 짙은 초록 잎들 위로 풍성하게 펼쳐진 하얀 꽃의 선명한 대비가 인상적이다. 남유럽 지중해 연안과 소아시아 지역이 원산지로 배수가 잘되는 바위 언덕과 초원, 모래땅에서 자생하며 햇볕이 잘 드는 환경을 선호한다.

↕0.2~0.3m ↔ 0.2~0.4m, -40℃, 양지~반음지

[표] 겨울정원을 위한 식물 검색표

식물명 (학명/국명)	종류	겨울 감상 요소						내한성 ℃
		꽃	열매	잎	수피	수형	마른모습	
Abelia × grandiflora 'Francis Mason' 꽃댕강나무 '프랜시스 메이슨'	낙엽활엽관목			○				−23
Abeliophyllum distichum / 미선나무	낙엽활엽관목	○						−29
Abeliophyllum distichum f. *lilacinum* 분홍미선나무	낙엽활엽관목	○						−29
Abies koreana / 구상나무	상록침엽수			○		○		−29
Abies koreana 'Silberlocke' 구상나무 '실버로크'	상록침엽수			○				−29
Acer davidii / 데이비드사피단풍	낙엽활엽교목				○			−29
Acer griseum / 중국복자기	낙엽활엽교목				○	○		−34
Acer negundo 'Winter Lightning' 네군도단풍 '윈터 라이트닝'	낙엽활엽교목				○			−29
Acer palmatum 'Bi Hō' / 단풍나무 '비호'	낙엽활엽관목				○			−29
Acer palmatum 'Eddisbury' 단풍나무 '에디스버리'	낙엽활엽교목				○	○		−29
Acer palmatum 'Ibo-nishiki' 단풍나무 '이보니시키'	낙엽활엽아교목				○			−23
Acer palmatum 'Sango-Kaku' 단풍나무 '상고가쿠'	낙엽활엽교목				○	○		−29
Acer pensylvanicum / 펜실베니아산겨릅나무	낙엽활엽교목				○			−40
Acer rufinerve 'Erythrocladum' 일본홍시닥나무 '에리트로클라둠'	낙엽활엽아교목				○	○		−29
Acer tegmentosum / 산겨릅나무	낙엽활엽교목				○			−34

식물명 (학명/국명)	종류	겨울 감상 요소						내한성 ℃
		꽃	열매	잎	수피	수형	마른모습	
Acer tegmentosum 'Valley Phantom' 산겨릅나무 '밸리 팬텀'	낙엽활엽아교목				○			-34
Acer triflorum / 복자기	낙엽활엽교목				○			-34
Acer × *conspicuum* / 콘스피쿠움단풍나무	낙엽활엽교목				○			-29
Acer × *conspicuum* 'Phoenix' 콘스피쿠움단풍나무 '피닉스'	낙엽활엽교목				○	○		-30
Acorus gramineus 'Ogon' / 석창포 '오곤'	숙근초			○				-29
Actinodaphne lancifolia / 육박나무	낙엽활엽교목				○			-9
Adonis amurensis / 복수초	숙근초	○						-40
Agastache rugosa / 배초향	숙근초						○	-34
Allium dumebuchum / 두메부추	숙근초						○	-29
Allium 'Summer Beauty' / 알리움 '서머 뷰티'	숙근초						○	-29
Allium taquetii / 한라부추	숙근초						○	-29
Anemanthele lessoniana / 아네만델레 레소니아나	숙근초						○	-12
Anemone hupehensis var. *japonica* 'Pamina' 대상화 '파미나'	숙근초						○	-29
Aria alnifolia / 팥배나무	낙엽활엽교목		○					-34
Artemisia ludoviciana / 루이지아나쑥	숙근초						○	-34
Arum italicum / 아룸 이탈리쿰	다년생구근			○				-29
Arundinella hirta var. *ciliata* / 털새	숙근초						○	-29
Asparagus officinalis / 아스파라거스	숙근초						○	-40
Asparagus oligoclonos / 방울비짜루	숙근초						○	-40
Asparagus schoberioides / 비짜루	숙근초						○	-40
Aspidistra elatior / 엽란	숙근초			○				-18
Aster spp. / 아스터	숙근초						○	-40
Astilbe rubra / 노루오줌	숙근초						○	-34

식물명 (학명/국명)	종류	겨울 감상 요소						내한성 ℃
		꽃	열매	잎	수피	수형	마른모습	
Aucuba japonica 'Crotonifolia' 식나무 '크로토니폴리아'	상록활엽관목			○				-18
Baptisia spp. / 밥티시아	숙근초						○	-40
Bergenia cordifolia / 꽃돌부채	숙근초			○				-40
Betula albosinensis / 중국흰자작나무	낙엽활엽교목				○			-40
Betula albosinensis 'Bowing Green' 중국흰자작나무 '보링 그린'	낙엽활엽교목				○			-40
Betula albosinensis var. septentrionalis 중국붉은자작나무	낙엽활엽교목				○			-29
Betula davurica / 물박달나무	낙엽활엽교목				○			-40
Betula nigra / 흑자작나무	낙엽활엽교목				○			-34
Betula platyphylla var. japonica / 자작나무	낙엽활엽교목				○			-40
Betula utilis / 히말라야자작나무	낙엽활엽교목				○			-29
Betula utilis var. jacquemontii / 자크몽자작나무	낙엽활엽교목				○			-29
Buxus sempervirens / 서양회양목	상록활엽관목			○				-23
Buxus sempervirens 'Elegantissima' 서양회양목 '엘레간티시마'	상록활엽관목			○				-29
Buxus sinica var. insularis / 회양목	상록활엽관목			○				-34
Calamagrostis arundinacea / 실새풀	숙근초						○	-34
Calamagrostis brachytricha 브라키트리카새풀	숙근초						○	-34
Calamagrostis × acutiflora 'Karl Foerster' 바늘새풀 '칼 포르스터'	숙근초						○	-29
Calamagrostis × acutiflora 'Overdam' 바늘새풀 '오워담'	숙근초						○	-29
Callicarpa dichotoma / 좀작살나무	낙엽활엽관목		○					-29
Callicarpa japonica 'Leucocarpa' 작살나무 '류코카르파'	낙엽활엽관목		○					-29

식물명 (학명/국명)	종류	겨울 감상 요소						내한성 ℃
		꽃	열매	잎	수피	수형	마른모습	
Camellia hiemalis / 히에말리스동백나무	상록활엽아교목	O		O				-18
Camellia japonica / 동백나무	상록활엽관목	O		O				-18
Camellia sasanqua / 애기동백	상록활엽관목	O		O				-18
Carex boottiana / 밀사초	숙근초			O				-
Carex boottiana 'Baeknokdam' 밀사초 '백록담'	숙근초			O				-29
Carex boottiana 'Jindo' / 밀사초 '진도'	숙근초			O				-29
Carex comans / 코만스사초	숙근초			O				-18
Carex conica 'Snowline' 코니카사초 '스노우라인'	숙근초			O				-29
Carex 'Feather Falls' / 사초 '페더 폴스'	숙근초			O				-
Carex mira / 꼬랑사초	숙근초						O	-40
Carex morrowii 'Variegata' 머로위사초 '바리에가타'	숙근초			O				-29
Carex oshimensis 'Everest' 오시마사초 '에버레스트'	숙근초			O				-29
Carex oshimensis 'Evergold' 오시마사초 '에버골드'	숙근초			O				-29
Carex oshimensis 'Everlime' 오시마사초 '에버라임'	숙근초			O				-29
Carex oshimensis 'Everillo' 오시마사초 '에버릴로'	숙근초			O				-29
Carpinus tschonoskii / 개서어나무	낙엽활엽교목				O			-29
Caryopteris incana / 층꽃나무	숙근초						O	-29
Castanopsis sieboldii 'Angyo Yellow' 구실잣밤나무 '안교 옐로'	상록활엽교목			O				-18
Cephalanthus occidentalis 케팔란투스 오키덴탈리스	낙엽활엽관목						O	-34

식물명 (학명/국명)	종류	겨울 감상 요소						내한성 ℃
		꽃	열매	잎	수피	수형	마른모습	
Cephalotaxus harringtonia 'Prostrata' 개비자나무 '프로스트라타'	상록침엽관목			O		O		−23
Cercidiphyllum japonicum f. pendulum 처진계수나무	낙엽활엽교목					O		−34
Chamaecyparis lawsoniana 'Winston Churchill' 금백 '윈스턴 처칠'	상록침엽교목			O				−29
Chamaecyparis obtusa 'Nana Lutea' 편백 '나나 루테아'	상록침엽관목			O		O		−34
Chamaecyparis pisifera 'Boulevard' 화백 '블러바드'	상록침엽관목			O		O		−34
Chamaecyparis pisifera 'Filifera Aurea' 황금실화백	상록침엽교목			O		O		−29
Chamaecyparis pisifera 'Snow' / 화백 '스노우'	상록침엽관목			O		O		−34
Chasmanthium latifolium / 낚시귀리	숙근초						O	−29
Chimonanthus praecox / 납매	낙엽활엽관목	O						−18
Chionodoxa sp. / 키오노독사	다년생구근	O						−40
Clematis cirrhosa / 클레마티스 키로사	상록활엽덩굴	O		O				−18
Clematis spp. / 클레마티스	낙엽활엽덩굴						O	−29
Clethra alnifolia / 황화매화오리	낙엽활엽관목						O	−34
Colletia paradoxa / 콜레티아 파라독사	상록활엽관목			O		O		−18
Cornus alba 'Aurea' / 황금흰말채나무	낙엽활엽관목				O			−40
Cornus alba 'Elegantissima' 흰말채나무 '엘레강티시마'	낙엽활엽관목				O			−40
Cornus alba 'Kesselringii' 흰말채나무 '케셀링기'	낙엽활엽관목				O			−40
Cornus alba 'Siberica' / 흰말채나무 '시비리카'	낙엽활엽관목				O			−40
Cornus kousa / 산딸나무	낙엽활엽아교목				O	O		−29
Cornus officinalis / 산수유나무	낙엽활엽아교목	O						−29

식물명 (학명/국명)	종류	겨울 감상 요소						내한성 ℃
		꽃	열매	잎	수피	수형	마른모습	
Cornus sanguinea 'Anny's Winter Orange' 붉은말채나무 '애니스 윈터 오렌지'	낙엽활엽관목				○			-29
Cornus sanguinea 'Midwinter Fire' 붉은말채나무 '미드윈터 파이어'	낙엽활엽관목				○			-29
Cornus sanguinea 'Winter Beauty' 붉은말채나무 '윈터 뷰티'	낙엽활엽관목				○			-29
Cornus sericea 'Cardinal' 노랑말채나무 '카디날'	낙엽활엽관목				○			-40
Cornus sericea 'Flaviramea' 노랑말채나무 '플라비라메아'	낙엽활엽관목				○			-40
Cornus sericea 'Kelseyi' / 노랑말채나무 '켈시'	낙엽활엽관목				○			-40
Corylopsis coreana / 히어리	낙엽활엽관목	○						-23
Corylus avellana 'Contorta' 유럽개암나무 '콘토르타'	낙엽활엽관목					○		-34
Cotoneaster horizontalis / 홍자단	낙엽활엽관목		○			○		-29
Cotoneaster lacteus / 늦개야광나무	상록활엽관목		○	○				-23
Cotoneaster lidjiangensis / 리장개야광나무	반상록활엽관목		○	○				-29
Crataegus monogyna 'Flexuosa' 단자산사나무 '플렉수오사'	낙엽활엽관목					○		-34
Crataegus viridis 'Winter King' 푸른산사나무 '윈터 킹'	낙엽활엽교목		○					-34
Crocus sp. / 크로커스	다년생구근	○						-40
Cryptomeria japonica 'Globosa Nana' 삼나무 '글로보사 나나'	상록침엽관목			○		○		-23
Cryptomeria japonica 'Yoshino' / 삼나무 '요시노'	상록침엽교목			○		○		-29
Cupressus arizonica 'Blue Ice' 애리조나쿠프레수스 '블루 아이스'	상록침엽관목			○		○		-23
Cupressus arizonica var. glabra 'Blue Ice' 반들애리조나쿠프레수스 '블루 아이스'	상록침엽관목			○		○		-23

식물명 (학명/국명)	종류	겨울 감상 요소						내한성 ℃
		꽃	열매	잎	수피	수형	마른모습	
Cyclamen coum / 코움시클라멘	다년생구근	○						−23
Cyclamen hederifolium / 헤데리폴리움시클라멘	다년생구근		○					−29
Cynara cardunculus / 아티초크	숙근초						○	−18
Danae racemosa / 다나이 라케모사	상록활엽관목			○				−15
Daphne bholua 'Jacqueline Postill' 네팔서향 '자클린 포스틸'	낙엽활엽관목	○						−18
Daphne kiusiana / 백서향	상록활엽관목	○		○		○		−18
Daphne odora / 서향	상록활엽관목	○						−18
Diospyros kaki 'Pendula' / 처진감나무	낙엽활엽관목		○					−18
Dipsacus fullonum / 디프사쿠스 풀로눔	숙근초						○	−29
Dystaenia takesimana / 섬바디	숙근초			○				−34
Echinacea purpurea / 자주천인국	숙근초						○	−40
Edgeworthia chrysantha / 삼지닥나무	낙엽활엽관목	○				○		−18
Edgeworthia chrysantha 'Grandiflora' 삼지닥나무 '그란디플로라'	낙엽활엽관목	○				○		−18
Edgeworthia chrysantha 'Red Dragon' 삼지닥나무 '레드 드레곤'	낙엽활엽관목	○				○		−18
Elaeagnus pungens 'Maculata' 통영볼레나무 '마쿨라타'	상록활엽관목			○				−18
Elaeagnus pungens 'Variegata' 통영볼레나무 '바리에가타'	상록활엽관목			○				−18
Eranthis hyemalis / 노랑너도바람꽃	다년생구근	○						−40
Eranthis stellata / 너도바람꽃	구근	○						−34
Erica sp. / 에리카	상록활엽관목	○		○				−29
Eryngium alpinum / 에린기움 알피눔	숙근초						○	−40
Eryngium planum / 에린기움 플라눔	숙근초						○	−34

식물명 (학명/국명)	종류	겨울 감상 요소					내한성 ℃
		꽃	열매	잎	수피	수형	마른모습	

식물명 (학명/국명)	종류	꽃	열매	잎	수피	수형	마른모습	내한성 ℃
Eryngium yuccifolium / 유카잎에린기움	숙근초						○	-40
Euonymus fortunei 'Emerald Gaiety' 좀사철나무 '에메랄드 게이어티'	상록활엽관목			○				-29
Euonymus fortunei 'Emerald 'n' Gold' 좀사철나무 '에메랄드 앤 골드'	상록활엽관목			○				-29
Euonymus japonicus / 사철나무	상록활엽관목			○				-23
Euphorbia characias / 카라키아스대극	숙근초			○				-23
Euphorbia jolkinii / 암대극	숙근초			○				-12
Euphorbia × martini 'Ascot Rainbow' 마르티니대극 '애스코트 레인보우'	숙근초			○				-29
Exochorda serratifolia / 가침박달	낙엽활엽관목		○					-34
Fagus sylvatica / 유럽너도밤나무	낙엽활엽교목					○	○	-34
Fagus sylvatica 'Pendula' 유럽너도밤나무 '펜둘라'	낙엽활엽교목					○	○	-34
Fatsia japonica / 팔손이	상록활엽관목	○		○				-12
Festuca glauca 'Elijah Blue' 블루페스큐 '엘리야 블루'	숙근초			○				-34
Firmiana simplex / 벽오동나무	낙엽활엽아교목		○		○			-23
Foeniculum vulgare / 회향	숙근초						○	-34
Fraxinus rhynchophylla / 물푸레나무	낙엽활엽교목				○			-29
Gagea nakaiana / 중의무릇	다년생구근	○						-29
Galanthus nivalis / 설강화	다년생구근	○						-40
Garrya elliptica / 가리아 엘립티카	상록활엽관목	○		○				-18
Gaultheria poeppigii / 가울테리아 포에피기	상록활엽관목		○	○				-12
Geranium × oxonianum 'A.T. Johnson' 옥소니아눔제라늄 'A.T. 존슨'	숙근초			○				-40
Glycyrrhiza yunnanensis / 운남감초	숙근초						○	-23

식물명 (학명/국명)	종류	겨울 감상 요소						내한성 ℃
		꽃	열매	잎	수피	수형	마른모습	
Hakonechloa macra / 풍지초	숙근초						○	−29
Hamamelis japonica / 풍년화	낙엽활엽관목	○				○		−29
Hamamelis × *intermedia* 'Barmstedt Gold' 인테르메디아풍년화 '바름슈테트 골드'	낙엽활엽관목	○				○		−29
Hamamelis × *intermedia* 'Diane' 인테르메디아풍년화 '다이앤'	낙엽활엽관목	○				○		−29
Hamamelis × *intermedia* 'Jelena' 인테르메디아풍년화 '옐레나'	낙엽활엽관목	○				○		−29
Hamamelis × *intermedia* 'Pallida' 인테르메디아풍년화 '팔리다'	낙엽활엽관목	○						−29
Hebe spp. / 헤베	상록활엽관목			○				−18
Hedera colchica 'Dentata Variegata' 콜치카아이비 '덴타타 바리에가타'	상록활엽관목			○				−23
Hedera colchica 'Sulphur Heart' 콜치카아이비 '설퍼 하트'	상록활엽관목			○				−23
Hedera helix 'Glacier' / 아이비 '글레이셔'	상록활엽관목			○				−34
Hedera rhombea / 송악	상록활엽만경목			○				−18
Helleborus argutifolius 헬레보루스 아르구티폴리우스	숙근초	○		○				−29
Helleborus foetidus / 헬레보루스 포이티두스	숙근초	○		○				−29
Helleborus niger / 헬레보루스 니게르	숙근초	○						−40
Helleborus orientalis 헬레보루스 오리엔탈리스	숙근초	○						−34
Heloniopsis koreana / 처녀치마	숙근초	○						−
Hepatica asiatica / 노루귀	숙근초	○						−
Hibiscus mutabilis / 부용	낙엽활엽관목						○	−18
Hyacinthoides non-scripta / 블루벨	다년생구근	○						−29

식물명 (학명/국명)	종류	겨울 감상 요소						내한성 ℃
		꽃	열매	잎	수피	수형	마른모습	
Hydrangea paniculata 'Limelight' 나무수국 '라임라이트'	낙엽활엽관목						○	−40
Hydrangea arborescens / 미국수국	낙엽활엽관목						○	−40
Hydrangea serrata / 산수국	낙엽활엽관목						○	−23
Hydrangea quercifolia / 떡갈잎수국	낙엽활엽관목						○	−34
Hylotelephium 'Herbstfreude' 꿩의비름 '허브스트프로이데'	숙근초						○	−40
Hypnum plumaeforme / 털깃털이끼	선태류			○				
Iberis sempervirens / 이베리스 셈페르비렌스	숙근초	○		○				−40
Idesia polycarpa / 이나무	낙엽활엽교목		○					−29
Ilex aquifolium / 유럽호랑가시나무	상록활엽교목		○	○				−18
Ilex aquifolium 'Argentea Marginata' 유럽호랑가시나무 '아르젠테아 마르지나타'	상록활엽교목		○	○				−23
Ilex crenata / 꽝꽝나무	상록활엽관목			○				−29
Ilex crenata 'Convexa' / 둥근잎꽝꽝나무	상록활엽관목			○				−29
Ilex crenata 'Golden Gem' 꽝꽝나무 '골든 젬'	상록활엽관목			○				−29
Ilex serrata / 낙상홍	낙엽활엽관목		○					−29
Ilex verticillata 'Winter Gold' 미국낙상홍 '윈터 골드'	낙엽활엽관목		○					−40
Ilex verticillata 'Winter Red' 미국낙상홍 '윈터 레드'	낙엽활엽관목		○					−40
Ilex × *altaclerensis* 'Lady Valerie' 알타호랑가시나무 '레이디 밸러리'	상록활엽교목		○	○				−29
Ilex × *wandoensis* / 완도호랑가시나무	상록활엽관목		○	○				−18
Ipheion uniflorum 'Wisley Blue' 향기별꽃 '위슬리 블루'	다년생구근	○						−29

식물명 (학명/국명)	종류	겨울 감상 요소						내한성 ℃
		꽃	열매	잎	수피	수형	마른모습	
Iris danfordiae / 단포르디아이붓꽃	다년생구근	○						-29
Iris 'Katharine Hodgkin' / 붓꽃 '캐서린 호지킨'	다년생구근	○						-29
Iris reticulata / 레티쿨라타붓꽃	다년생구근	○						-29
Iris unguicularis / 동청붓꽃	숙근초	○	○					-18
Jasminum nudiflorum / 영춘화	활엽관목	○			○			-23
Jeffersonia dubia / 깽깽이풀	숙근초	○						-34
Juniperus rigida var. *conferta* / 해변노간주	상록침엽관목			○		○		-29
Juniperus scopulorum 'Skyrocket' 로키향나무 '스카이로켓'	상록침엽관목			○		○		-40
Juniperus squamata 'Blue Star' 고산향나무 '블루 스타'	상록침엽관목			○		○		-34
Kalmia latifolia / 칼미아	상록활엽관목			○				-34
Kerria japonica / 황매화	낙엽활엽관목				○			-34
Kerria japonica 'Kinkan' / 황매화 '킨칸'	낙엽활엽관목				○			-34
Koelreuteria paniculata / 모감주나무	낙엽활엽교목				○	○		-29
Lagerstroemia fauriei / 적피배롱나무	낙엽활엽교목				○	○		-21
Lagerstroemia indica / 배롱나무	낙엽활엽교목				○	○		-23
Lamium maculatum 'White Nancy' 라미움 마쿨라툼 '화이트 낸시'	숙근초			○				-40
Leucojum aestivum / 은방울수선	다년생구근	○						-34
Leucothoe fontanesiana 레우코토이 폰타네시아나	상록활엽관목			○				-29
Lindera glauca / 감태나무	낙엽활엽관목						○	-23
Lindera glauca var. *salicifolia* / 뇌성목	낙엽활엽관목						○	-23

식물명 (학명/국명)	종류	겨울 감상 요소						내한성 ℃
		꽃	열매	잎	수피	수형	마른모습	
Lindera obtusiloba / 생강나무	낙엽활엽아교목	○						−29
Liriope muscari 'Gold-banded' 맥문동 '골드밴디드'	숙근초			○				−29
Liriope spicata / 개맥문동	숙근초			○				−34
Liriope spicata 'Gin-Ryu' / 개맥문동 '긴류'	숙근초			○				−34
Liquidambar styraciflua 'Golden Sun' 미국풍나무 '골든 선'	낙엽활엽교목				○			−29
Lonicera fragrantissima / 향괴불나무	낙엽활엽관목	○						−34
Lonicera harae / 길마가지나무	낙엽활엽관목	○						−
Lonicera nitida / 동청괴불나무	낙엽활엽관목			○				−23
Lonicera nitida 'Baggesen's Gold' 동청괴불나무 '바게센즈 골드'	낙엽활엽관목			○				−23
Lonicera praeflorens / 올괴불나무	낙엽활엽관목	○						−
Lonicera standishii / 스탠디쉬괴불나무	낙엽활엽관목	○						−29
Lonicera × purpusii 'Winter Beauty' 퍼푸스인동 '윈터 뷰티'	낙엽활엽관목	○						−29
Lunaria annua / 루나리아 아누아	이년초						○	−29
Luzula sylvatica 'Aurea' / 큰꿩의밥 '아우레아'	숙근초			○				−34
Lycoris radiata / 석산	다년생구근			○				−23
Magnolia grandiflora 'Edith Bogue' 태산목 '에디스 보그'	상록활엽교목			○				−23
Magnolia grandiflora 'Little Gem' 태산목 '리틀 젬'	상록활엽교목			○				−18
Magnolia kobus / 목련	낙엽활엽교목	○						−29
Magnolia stellata / 별목련	낙엽활엽관목	○						−34
Magnolia × loebneri / 큰별목련	낙엽활엽관목	○						−34
Mahonia aquifolium / 뿔남천	상록활엽관목	○		○		○		−34

식물명 (학명/국명)	종류	겨울 감상 요소						내한성 ℃
		꽃	열매	잎	수피	수형	마른모습	
Mahonia × media 'Winter Sun' 메디아뿔남천 '윈터 선'	상록활엽관목	○		○		○		-18
Matteuccia struthiopteris / 청나래고사리	숙근초						○	-29
Mertensia virginica / 버지니아갯지치	숙근초	○						-40
Microbiota decussata / 시베리아눈측백	상록침엽관목			○		○		-40
Miscanthus nepalensis / 네팔억새	숙근초						○	-12
Miscanthus sinensis 'Morning Light' 참억새 '모닝 라이트'	숙근초						○	-29
Miscanthus sinensis 'Yakushima Dwarf' 참억새 '야쿠시마 드와프'	숙근초						○	-29
Molinia caerulea subsp. *caerulea* 'Moorhexe' 카에룰레아진퍼리새 '무어헥세'	숙근초						○	-34
Molinia japonica / 진퍼리새	숙근초						○	-29
Muhlenbergia capillaris / 털쥐꼬리새	숙근초						○	-18
Muscari spp. / 무스카리	다년생구근	○						-40
Nandina domestica / 남천	상록활엽관목	○	○					-23
Narcissus bulbocodium / 나팔수선화	다년생구근	○						-23
Narcissus cyclamineus / 시클라멘수선화	다년생구근	○						-34
Narcissus papyraceus / 파피라케우스수선화	다년생구근	○						-12
Narcissus tazetta subsp. *Chinensis* / 수선화	다년생구근							-12
Narcissus 'Tête-á-Tête' / 수선화 '떼따떼뜨'	다년생구근	○						-34
Neoshirakia japonica / 사람주나무	낙엽활엽아교목				○	○		-29
Nerine spp. / 네리네	다년생구근	○						-12
Onoclea orientalis / 개면마	숙근초						○	-34
Ophiopogon planiscapus 'Kokuryū' 작은잎맥문아재비 '코쿠류'	숙근초			○				-23

식물명 (학명/국명)	종류	겨울 감상 요소					내한성 ℃
		꽃	열매	잎	수피	수형	마른모습	

식물명 (학명/국명)	종류	꽃	열매	잎	수피	수형	마른모습	내한성 ℃
Osmanthus heterophyllus 'Goshiki' 구골나무 '고시키'	상록활엽관목			○				−18
Panicum virgatum 'Northwind' 큰개기장 '노스윈드'	숙근초						○	−29
Panicum virgatum 'Shenandoah' 큰개기장 '셰넌도어'	숙근초						○	−29
Papaver orientale / 오리엔탈양귀비	숙근초			○				−40
Parrotia persica / 파로티아 페르시카	낙엽활엽교목	○			○	○		−34
Pennisetum alopecuroides 'Hameln' 수크령 '하메른'	숙근초						○	−29
Phlomis russeliana / 터키세이지	숙근초						○	−29
Phyllostachys nigra var. *henonis* / 솜대	상록활엽목본			○	○			−18
Phyllostachys vivax f. *aureocaulis* 아우레오카울리스 솜대	상록활엽목본			○	○			−18
Picea abies 'Procumbens' 독일가문비 '프로쿰벤스'	상록침엽관목			○		○		−34
Picea glauca var. *albertiana* 'Conica' 코니카가문비	상록침엽관목			○		○		−46
Picea omorika 'Pendula' 세르비아가문비 '펜둘라'	상록침엽교목			○		○		−34
Picea pungens / 은청가문비나무	상록침엽교목			○		○		−46
Picea pungens 'Hoopsii' 은청가문비나무 '호오프시'	상록침엽관목			○		○		−46
Pieris japonica / 마취목	상록활엽관목			○		○		−29
Pinus bungeana / 백송	상록침엽교목				○	○		−34
Pinus mugo 'Winter Gold' 무고소나무 '윈터 골드'	상록침엽관목			○				−46
Polystichum polyblepharum / 나도히초미	숙근초			○				−29

식물명 (학명/국명)	종류	겨울 감상 요소						내한성 ℃
		꽃	열매	잎	수피	수형	마른모습	
Poncirus trifoliata 'Flying Dragon' 탱자나무 '플라잉 드래곤'	낙엽활엽관목				○	○		-23
Populus × tomentiglandulosa / 은사시나무	낙엽활엽교목				○			-34
Primula jesoana / 큰앵초	숙근초	○						-34
Primula polyantha / 폴리안타앵초	숙근초	○						-40
Primula sieboldii / 앵초	숙근초	○						-34
Primula veris / 베리스앵초	숙근초	○						-40
Primula vulgaris / 불가리스앵초	숙근초	○						-34
Prunus 'Elegance Miyuki' 벚나무 '엘레강스 미유키'	낙엽활엽아교목	○						-29
Prunus glandulifolia / 개벚지나무	낙엽활엽교목				○			-46
Prunus incisa 'Kojo-no-mai' 후지벚나무 '코조-노-마이'	낙엽활엽관목					○		-23
Prunus mume / 매실나무	낙엽활엽교목							-23
Prunus mume 'Kinjisi' / 매실나무 '킨지시'	낙엽활엽관목				○	○		-23
Prunus mume 'Tortuous Dragon' 매실나무 '토츄어스 드래곤'	낙엽활엽관목	○						-23
Prunus rufa / 히말라야벚나무	낙엽활엽교목				○			-18
Prunus serrula / 티베트벚나무	낙엽활엽교목				○			-46
Prunus subhirtella 'Autumnalis' 춘추벚나무 '아우툼날리스'	낙엽활엽교목	○						-34
Pulmonaria officinalis 풀모나리아 오피키날리스	숙근초	○						-40
Pulmonaria rubra / 풀모나리아 루브라	숙근초	○						-40
Pulsatilla halleri / 할레리할미꽃	숙근초	○						-29
Pulsatilla tongkangensis / 동강할미꽃	숙근초	○						–
Pulsatilla vulgaris / 유럽할미꽃	숙근초	○						-34

식물명 (학명/국명)	종류	겨울 감상 요소						내한성 ℃
		꽃	열매	잎	수피	수형	마른모습	
Pyracantha spp. / 피라칸사	낙엽활엽관목		○	○				-23
Quercus suber / 코르크참나무	낙엽활엽교목				○			-18
Racomitrium japonicum / 늦은서리이끼	선태류			○				
Rhododendron brachycarpum / 만병초	상록활엽관목			○				-34
Rhododendron dauricum 'Mid-winter' 산진달래 '미드윈터'	상록활엽관목	○		○				-29
Rhododendron micranthum / 꼬리진달래	상록활엽관목			○				-40
Rhus typhina / 미국붉나무	낙엽활엽관목		○			○		-40
Ribes fasciculatum var. *chinense* / 까마귀밥나무	낙엽활엽관목		○					-34
Ribes mandshuricum / 까치밥나무	낙엽활엽관목		○					-34
Rohdea japonica / 만년청	숙근초		○	○				-23
Rohdea japonica 'Ichimonji' / 만년청 '이치몬지'	숙근초		○					-23
Rubus cockburnianus / 콕버니아누스복분자딸기	낙엽활엽관목				○			-29
Rubus cockburnianus 'Goldenvale' 콕버니아누스복분자딸기 '골든베일'	낙엽활엽관목				○			-29
Rubus coreanus / 복분자딸기	낙엽활엽관목				○	○		-29
Rubus phoenicolasius / 곰딸기	낙엽활엽관목				○			-34
Ruscus aculeatus / 루스쿠스 아쿨레아투스	상록활엽관목		○	○				-18
Ruta graveolens 'Jackman's Blue' 루 '젝맨스 블루'	숙근초			○				-34
Salix alba 'Golden Ness' / 흰버들 '골든 네스'	낙엽활엽교목				○			-34
Salix alba var. *vitellina* 'Yelverton' 비텔리나흰버들 '옐버튼'	낙엽활엽교목				○			-34
Salix babylonica var. *pekinensis* 'Tortousa' 페키넨시스수양버들 '토츄오사'	낙엽활엽교목				○	○		-29
Salix caprea / 호랑버들	낙엽활엽아교목	○						-34

식물명 (학명/국명)	종류	꽃	열매	잎	수피	수형	마른모습	내한성 ℃
Salix gracilistyla 'Melanostachys' / 검은갯버들	낙엽활엽관목	○			○			-34
Salix gracilistyla 'Mount Aso' 갯버들 '마운트 아소'	낙엽활엽관목	○			○			-34
Salix irrorata / 은청대버들	낙엽활엽관목				○			-29
Salix myrsinifolia / 미르시니폴리아버들	낙엽활엽관목				○			-34
Salix × *sepulcralis* 'Erythroflexuosa' / 홍룡버들	낙엽활엽교목				○	○		-29
Salvia 'Blue Spire' 러시안세이지 '블루 스파이어'	낙엽성 아관목						○	-29
Salvia 'Little Spire' 러시안세이지 '리틀 스파이어'	낙엽성 아관목						○	-29
Salvia microphylla 'Tricolor' 미크로필라세이지 '트리컬러'	숙근초			○				-18
Sarcandra glabra / 죽절초	상록활엽관목		○	○				-12
Sarcococca confusa / 사르코코카 콘퓨사	상록활엽관목	○		○				-18
Schizachyrium scoparium / 스코파리움쇠풀	숙근초						○	-40
Scilla sp. / 실라	다년생구근	○						-40
Serratula coronata subsp. *insularis* / 산비장이	숙근초							-34
Skimmia japonica / 스키미아 야포니카	상록활엽관목		○	○				-23
Solidago speciosa / 스페시오사미역취	숙근초						○	-40
Stachyurus 'Rubriflorus' 통조화 '루브리플로루스'	낙엽활엽아교목	○						-23
Stachyurus praecox / 완도술꽃나무	낙엽활엽아교목	○						-23
Stewartia koreana / 노각나무	낙엽활엽교목				○	○		-29
Stipa calamagrostis / 칼라마그로스티스나래새	숙근초						○	-34
Stipa tenuissima / 가는잎나래새	숙근초						○	-18
Styphnolobium japonicum 'Aurea' 황금회화나무	낙엽활엽교목				○			-34

식물명 (학명/국명)	종류	겨울 감상 요소					내한성 ℃
		꽃	열매	잎	수피	수형	마른모습	

식물명 (학명/국명)	종류	꽃	열매	잎	수피	수형	마른모습	내한성 ℃
Symphoricarpos albus / 심포리카르포스 알부스	낙엽활엽관목		O					-23
Symphoricarpos orbiculatus 심포리카르포스 오르비쿨라투스	낙엽활엽관목		O					-34
Taxus baccata 'Fastigiata Aurea' 서양주목 '파스티기아타 아우레아'	상록침엽관목			O		O		-21
Taxus baccata 'Icicle' / 서양주목 '아이시클'	상록침엽관목			O		O		-23
Themeda triandra / 솔새	숙근초						O	-34
Thuja plicata 'Whipcord' 투야 플리카타 '휘프코드'	상록침엽관목			O		O		-29
Tiarella cordifolia / 단풍매화헐떡이풀	숙근초			O				-40
Tilia cordata 'Winter Orange' 코르다타피나무 '윈터 오렌지'	낙엽활엽교목				O			-34
Tulipa clusiana 'Cynthia' 크루지아나튤립 '신시아'	다년생구근	O						-40
Tulipa humilis / 후밀리스튤립	다년생구근	O						-34
Tulipa 'Little Princess' / 튤립 '리틀 프린세스'	다년생구근	O						-40
Tulipa tarda / 타르다튤립	다년생구근	O						-34
Veronicastrum sibiricum / 냉초	숙근초						O	-40
Veronicastrum virginicum / 버지니아냉초	숙근초						O	-40
Viburnum davidii / 다비디분꽃나무	낙엽활엽관목			O				-18
Viburnum dilatatum / 가막살나무	낙엽활엽관목		O					-40
Viburnum erosum / 덜꿩나무	낙엽활엽관목		O					-40
Viburnum farreri / 패러리분꽃나무	낙엽활엽관목	O						-29
Viburnum opulus L. sargentii / 백당나무	낙엽활엽관목		O					-40
Viburnum tinus / 월계분꽃나무	상록활엽관목	O		O				-12
Viburnum × bodnantense 'Charles Lamont' 올분꽃나무 '찰스 러몬트'	낙엽활엽관목	O						-29

식물명 (학명/국명)	종류	겨울 감상 요소						내한성 ℃
		꽃	열매	잎	수피	수형	마른모습	
Viburnum × bodnantense 'Dawn' 올분꽃나무 '던'	낙엽활엽관목	○						−29
Vinca minor 'Argenteovariegata' / 무늬빈카	숙근초			○				−34
Vinca minor 'Illumination' 빈카 '일루미네이션'	숙근초			○				−34
Vitex negundo var. *incisa* / 좀목형	낙엽활엽관목						○	−23
Yucca filamentosa 'Bright Edge' 실유카 '브라이트 에지'	상록활엽관목			○		○		−34
Yucca filamentosa 'Color Guard' 실유카 '컬러 가드'	상록활엽관목			○		○		−34
Zanthoxylum americanum / 미국초피나무	낙엽활엽아교목				○			−40
Zanthoxylum simulans / 왕초피	낙엽활엽아교목				○			−29

학명으로 찾아보기

Abelia × grandiflora 'Francis Mason'	179, 325
Abeliophyllum distichum	318, 325
Abeliophyllum distichum f. lilacinum	318, 325
Abies koreana	144, 148, 297, 325
Abies koreana 'Silberlocke'	155, 297, 325
Acer davidii	255, 325
Acer griseum	78, 81, 253, 325
Acer negundo 'Winter Lightning'	91, 261, 325
Acer palmatum 'Bi Hō'	229, 243, 261, 325
Acer palmatum 'Eddisbury'	233, 243, 325
Acer palmatum 'Ibo-nishiki'	255, 325
Acer palmatum 'Sango-Kaku'	261, 325
Acer pensylvanicum	255, 325
Acer rufinerve 'Erythrocladum'	81, 325
Acer tegmentosum	80, 255, 325
Acer tegmentosum 'Valley Phantom'	260, 326
Acer triflorum	132, 253, 326
Acer × conspicuum	255, 326
Acer × conspicuum 'Phoenix'	255, 326
Acorus gramineus 'Ogon'	243, 292, 326
Actinodaphne lancifolia	256, 326
Adonis amurensis	208, 215, 322, 326
Agastache rugosa	119, 326
Allium dumebuchum	275, 326
Allium 'Summer Beauty'	275, 326
Allium taquetii	275, 326
Anemanthele lessoniana	283, 326
Anemone hupehensis var. japonica 'Pamina'	275, 326
Aria alnifolia	37, 269, 326
Artemisia ludoviciana	274, 326
Arum italicum	162, 236, 290, 326
Arundinella hirta var. ciliata	282, 326
Asparagus officinalis	276, 326
Asparagus oligoclonos	276, 326
Asparagus schoberioides	276, 326
Aspidistra elatior	295, 326
Aster spp.	276, 326
Astilbe rubra	128, 273, 326
Aucuba japonica 'Crotonifolia'	305, 327
Baptisia spp.	118, 275, 327
Bergenia cordifolia	59, 163, 290, 327
Betula albosinensis	79, 251, 327
Betula albosinensis 'Bowing Green'	251, 327
Betula albosinensis var. septentrionalis	251, 327
Betula davurica	252, 327
Betula nigra	252, 327
Betula platyphylla var. japonica	78, 251, 327
Betula utilis	251, 327
Betula utilis var. jacquemontii	81, 84, 251, 327
Buxus sempervirens	177, 327
Buxus sempervirens 'Elegantissima'	178, 327
Buxus sinica var. insularis	307, 327
Calamagrostis arundinacea	278, 327
Calamagrostis brachytricha	278, 327
Calamagrostis × acutiflora 'Karl Foerster'	121, 278, 328
Calamagrostis × acutiflora 'Overdam'	178, 328

Callicarpa dichotoma	268, 327	*Chionodoxa* sp.	185, 188, 312, 329
Callicarpa japonica 'Leucocarpa'	268, 327	*Clematis cirrhosa*	320, 329
Camellia hiemalis	320, 328	*Clematis* spp.	286, 329
Camellia japonica	218, 328	*Clethra alnifolia*	285, 329
Camellia sasanqua	320, 328	*Colletia paradoxa*	178, 309, 329
Carex boottiana	164, 328	*Cornus alba* 'Aurea'	258, 329
Carex boottiana 'Baeknokdam'	289, 328	*Cornus alba* 'Elegantissima'	258, 329
Carex boottiana 'Jindo'	289, 328	*Cornus alba* 'Kesselringii'	258, 329
Carex comans	58, 167, 328	*Cornus alba* 'Siberica'	229, 258, 329
Carex conica 'Snowline'	289, 328	*Cornus kousa*	81, 256, 329
Carex 'Feather Falls'	164, 328	*Cornus officinalis*	242, 321, 329
Carex mira	18, 283, 328	*Cornus sanguinea* 'Anny's Winter Orange'	258, 330
Carex morrowii 'Variegata'	162, 227, 243, 288, 328	*Cornus sanguinea* 'Midwinter Fire'	87, 229, 258, 330
Carex oshimensis 'Everest'	288, 328		
Carex oshimensis 'Evergold'	233, 288, 328	*Cornus sanguinea* 'Winter Beauty'	229, 243, 258, 330
Carex oshimensis 'Everlime'	238, 240, 288, 328		
Carex oshimensis 'Everillo'	288, 328	*Cornus sericea* 'Cardinal'	243, 259, 330
Carpinus tschonoskii	81, 328	*Cornus sericea* 'Flaviramea'	87, 93, 243, 259, 330
Caryopteris incana	274, 328	*Cornus sericea* 'Kelseyi'	229, 243, 259, 330
Castanopsis sieboldii 'Angyo Yellow'	309, 328	*Corylopsis coreana*	203, 330
Cephalanthus occidentalis	286, 328	*Corylus avellana* 'Contorta'	233, 243, 247, 330
Cephalotaxus harringtonia 'Prostrata'	301, 329	*Cotoneaster horizontalis*	266, 340
Cercidiphyllum japonicum f. *pendulum*	70, 250, 329	*Cotoneaster lacteus*	268, 330
		Cotoneaster lidjiangensis	236, 242, 330
Chamaecyparis lawsoniana 'Winston Churchill'	155, 329	*Crataegus monogyna* 'Flexuosa'	233, 243, 248
Chamaecyparis obtusa 'Nana Lutea'	152, 299, 329	*Crataegus viridis* 'Winter King'	266, 330
Chamaecyparis pisifera 'Boulevard'	152, 299, 329	*Crocus* sp.	187, 189, 312, 330
Chamaecyparis pisifera 'Filifera Aurea'	153, 297, 329	*Cryptomeria japonica* 'Globosa Nana'	302, 330
		Cryptomeria japonica 'Yoshino'	241, 330
Chamaecyparis pisifera 'Snow'	152, 329	*Cupressus arizonica* 'Blue Ice'	330
Chasmanthium latifolium	284, 329	*Cupressus arizonica* var. *glabra* 'Blue Ice'	154, 301, 330
Chimonanthus praecox	61, 195, 237, 315, 329		

Cyclamen coum	189, 312, 331	Fatsia japonica	194, 332
Cyclamen hederifolium	162, 167, 291, 331	Festuca glauca 'Elijah Blue'	163, 165, 289, 332
Cynara cardunculus	117, 331	Firmiana simplex	254, 332
Danae racemosa	179, 331	Foeniculum vulgare	117, 332
Daphne bholua 'Jacqueline Postill'	317, 331	Fraxinus rhynchophylla	254, 332
Daphne kiusiana	37, 205, 243, 331	Gagea nakaiana	211, 332
Daphne odora	63, 317, 331	Galanthus nivalis	183, 188, 243, 310, 332
Diospyros kaki 'Pendula'	249, 331	Garrya elliptica	201, 205, 332
Dipsacus fullonum	117, 331	Gaultheria poeppigii	103, 332
Dystaenia takesimana	164, 331	Geranium × oxonianum 'A.T. Johnson'	166, 332
Echinacea purpurea	272, 331	Glycyrrhiza yunnanensis	277, 332
Edgeworthia chrysantha	240, 316, 331	Hakonechloa macra	233, 281, 333
Edgeworthia chrysantha 'Grandiflora'	229, 243, 331	Hamamelis japonica	194, 236, 315, 333
		Hamamelis × intermedia 'Barmstedt Gold'	236, 315, 333
Edgeworthia chrysantha 'Red Dragon'	316, 331	Hamamelis × intermedia 'Diane'	315, 333
Elaeagnus pungens 'Maculata'	304, 331	Hamamelis × intermedia 'Jelena'	197, 236, 315, 333
Elaeagnus pungens 'Variegata'	304, 331		
Eranthis hyemalis	189, 193, 311, 331	Hamamelis × intermedia 'Pallida'	315, 333
Eranthis stellata	60, 311, 331	Hebe spp.	58, 169, 333
Erica sp.	171, 202, 319, 331	Hedera colchica 'Dentata Variegata'	307, 333
Eryngium alpinum	118, 272, 331	Hedera colchica 'Sulphur Heart'	307, 333
Eryngium planum	272, 331	Hedera helix 'Glacier'	306, 333
Eryngium yuccifolium	117, 272, 332	Hedera rhombea	58, 306, 333
Euonymus fortunei 'Emerald Gaiety'	306, 332	Helleborus argutifolius	290, 333
Euonymus fortunei 'Emerald 'n' Gold'	306, 332	Helleborus foetidus	59, 290, 333
Euonymus japonicus	306, 332	Helleborus niger	322, 333
Euphorbia characias	292, 332	Helleborus orientalis	322, 333
Euphorbia jolkinii	18, 164, 291, 332	Heloniopsis koreana	211, 333
Euphorbia × martini 'Ascot Rainbow'	167, 291, 332	Hepatica asiatica	211, 333
		Hibiscus mutabilis	141, 333
Exochorda serratifolia	141, 332	Hyacinthoides non-scripta	314, 333
Fagus sylvatica	135, 137, 141, 287, 332	Hydrangea arborescens	286, 334
Fagus sylvatica 'Pendula'	249, 332		

Hydrangea paniculata 'Limelight'	286,334
Hydrangea quercifolia	286,334
Hydrangea serrata	140,286,334
Hylotelephium 'Herbstfreude'	117,233,271,334
Hypnum plumaeforme	296,334
Iberis sempervirens	324,334
Idesia polycarpa	269,334
Ilex aquifolium	103,303,334
Ilex aquifolium 'Argentea Marginata'	179,334
Ilex crenata	177,305,334
Ilex crenata 'Convexa'	178,305,334
Ilex crenata 'Golden Gem'	305,334
Ilex serrata	102,334 265,334
Ilex verticillata 'Winter Gold'	105,265,334
Ilex verticillata 'Winter Red'	265,334
Ilex × altaclerensis 'Lady Valerie'	175,334
Ilex × wandoensis	266,334
Ipheion uniflorum 'Wisley Blue'	313,334
Iris danfordiae	59,313,335
Iris 'Katharine Hodgkin'	189,313,335
Iris reticulata	313,335
Iris unguicularis	236,294,335
Jasminum nudiflorum	205,335
Jeffersonia dubia	213,335
Juniperus rigida var. *conferta*	302,335
Juniperus scopulorum 'Skyrocket'	148,335
Juniperus squamata 'Blue Star'	152,229,243, 298,335
Kalmia latifolia	308,335
Kerria japonica	264,335
Kerria japonica 'Kinkan'	264,335
Koelreuteria paniculata	72,335
Lagerstroemia fauriei	254,335
Lagerstroemia indica	254,335
Lamium maculatum 'White Nancy'	166,335
Leucojum aestivum	310,335
Leucothoe fontanesiana	308,335
Lindera glauca	132,138,287
Lindera glauca var. *salicifolia*	139,287,335
Lindera obtusiloba	321,336
Liriope muscari 'Gold-banded'	166,336
Liriope spicata	157,164,292,336
Liriope spicata 'Gin-Ryu'	164,336
Liquidambar styraciflua 'Golden Sun'	229,243, 262,336
Lonicera fragrantissima	317,336
Lonicera harae	37,196,317,336
Lonicera nitida	307,336
Lonicera nitida 'Baggesen's Gold'	178,307,336
Lonicera praeflorens	317,336
Lonicera standishii	317,336
Lonicera × purpusii 'Winter Beauty'	317,336
Lunaria annua	116,273,336
Luzula sylvatica 'Aurea'	159,293,336
Lycoris radiata	295,336
Magnolia grandiflora 'Edith Bogue'	307,336
Magnolia grandiflora 'Little Gem'	307,336
Magnolia kobus	317,336
Magnolia stellata	198,317,336
Magnolia × loebneri	243,317,336
Mahonia aquifolium	205,241,305,336
Mahonia × media 'Winter Sun'	168,205,305,337
Matteuccia struthiopteris	273,337
Mertensia virginica	323,337
Microbiota decussata	155,298,337
Miscanthus nepalensis	280,337

Miscanthus sinensis 'Morning Light'	279, 337	Pieris japonica	176, 223, 303, 338
Miscanthus sinensis 'Yakushima Dwarf'	280, 337	Pinus bungeana	256, 338
Molinia caerulea subsp. caerulea 'Moorhexe'	281, 337	Pinus mugo 'Winter Gold'	300, 338
		Polystichum polyblepharum	295, 338
Molinia japonica	281, 337	Poncirus trifoliata 'Flying Dragon'	247, 339
Muhlenbergia capillaris	283, 337	Populus × tomentiglandulosa	81, 252, 339
Muscari spp.	314, 337	Primula jesoana	323, 339 210, 215, 323, 339
Nandina domestica	102, 267, 337	Primula polyantha	323, 339
Narcissus bulbocodium	311, 337	Primula sieboldii	323, 339
Narcissus cyclamineus	311, 337	Primula veris	215, 323, 339
Narcissus papyraceus	311, 337	Primula vulgaris	210, 215, 323, 339
Narcissus tazetta subsp. Chinensis	189, 193, 207, 311, 337	Prunus 'Elegance Miyuki'	318, 339
		Prunus glandulifolia	81, 252, 339
Narcissus 'Tete-a-Tete'	311, 337	Prunus incisa 'Kojo-no-mai'	250, 339
Neoshirakia japonica	253, 337	Prunus mume	194, 197, 339
Nerine spp.	243, 314, 337	Prunus mume 'Kinjisi'	248, 339
Onoclea orientalis	273, 337	Prunus mume 'Tortuous Dragon'	229, 243, 248, 339
Ophiopogon planiscapus 'Kokuryū'	95, 159, 293, 337		
		Prunus rufa	83, 339
Osmanthus heterophyllus 'Goshiki'	304, 338	Prunus serrula	77, 252, 339
Panicum virgatum 'Northwind'	279, 338	Prunus subhirtella 'Autumnalis'	229, 242, 318, 339
Panicum virgatum 'Shenandoah'	279, 338	Pulmonaria officinalis	324, 339
Papaver orientale	117, 296, 338	Pulmonaria rubra	324, 339
Parrotia persica	65, 203, 330	Pulsatilla halleri	324, 339
Pennisetum alopecuroides 'Hameln'	282, 338	Pulsatilla tongkangensis	218, 328
Phlomis russeliana	274, 338	Pulsatilla vulgaris	324, 339
Phyllostachys nigra var. henonis	309, 338	Pyracantha spp.	270, 340
Phyllostachys vivax f. aureocaulis	264 338	Quercus suber	81, 340
Picea abies 'Procumbens'	329, 338	Racomitrium japonicum	296, 340
Picea glauca var. albertiana 'Conica'	300, 338	Rhododendron brachycarpum	56, 176, 340
Picea omorika 'Pendula'	300, 338	Rhododendron dauricum 'Mid-winter'	320, 340
Picea pungens	152, 298, 338	Rhododendron micranthum	308, 340
Picea pungens 'Hoopsii'	149, 298, 338	Rhus typhina	157, 250, 340

Ribes fasciculatum var. *chinense*	270, 340	*Stipa calamagrostis*	284, 341
Ribes mandshuricum	270, 340	*Stipa tenuissima*	125, 280, 342
Rohdea japonica	241, 243, 293, 340	*Styphnolobium japonicum* 'Aurea'	263, 341
Rohdea japonica 'Ichimonji'	240, 293, 340	*Symphoricarpos albus*	267, 342
Rubus cockburnianus	262, 340	*Symphoricarpos orbiculatus*	267, 342
Rubus cockburnianus 'Goldenvale'	97, 262, 340	*Taxus baccata* 'Fastigiata Aurea'	154, 302, 342
Rubus coreanus	95, 233, 243, 262, 340	*Taxus baccata* 'Icicle'	155, 342
Rubus phoenicolasius	263, 340	*Themeda triandra*	284, 342
Ruscus aculeatus	103, 238, 243, 268, 340	*Thuja plicata* 'Whipcord'	321, 342
Ruta graveolens 'Jackman's Blue'	294, 340	*Tiarella cordifolia*	165, 342
Salix alba 'Golden Ness'	259, 340	*Tilia cordata* 'Winter Orange'	263, 342
Salix alba var. *vitellina* 'Yelverton'	93, 229, 259, 340	*Tulipa clusiana* 'Cynthia'	313, 342
		Tulipa humilis	313, 342
Salix babylonica var. *pekinensis* 'Tortuosa'	249, 340	*Tulipa* 'Little Princess'	342
Salix caprea	319, 340	*Tulipa tarda*	313, 342
Salix gracilistyla 'Melanostachys'	319, 341	*Veronicastrum sibiricum*	272, 342
Salix gracilistyla 'Mount Aso'	243, 319, 341	*Veronicastrum virginicum*	272, 336
Salix irrorata	260, 341	*Viburnum davidii*	176, 304, 342
Salix myrsinifolia	260, 341	*Viburnum dilatatum*	270, 344
Salix × sepulcralis 'Erythroflexuosa'	249, 341	*Viburnum erosum*	270, 342
Salvia 'Blue Spire'	271, 341	*Viburnum farreri*	316, 342
Salvia 'Little Spire'	271, 341	*Viburnum opulus* L. *sargentii*	38, 270, 342
Salvia microphylla 'Tricolor'	296, 341	*Viburnum tinus*	204, 342
Sarcandra glabra	269, 341	*Viburnum × bodnantense* 'Charles Lamont'	195, 316, 342
Sarcococca confusa	237, 316, 341		
Schizachyrium scoparium	281, 341	*Viburnum × bodnantense* 'Dawn'	202, 316, 343
Scilla sp.	237, 312, 341	*Vinca minor* 'Argenteovariegata'	294, 343
Serratula coronata subsp. *insularis*	118, 341	*Vinca minor* 'Illumination'	294, 343
Skimmia japonica	179, 267, 341	*Vitex negundo* var. *incisa*	285, 343
Solidago speciosa	276, 341	*Yucca filamentosa* 'Bright Edge'	241, 343
Stachyurus 'Rubriflorus'	304, 331	*Yucca filamentosa* 'Color Guard'	306, 343
Stachyurus praecox	321, 341	*Zanthoxylum americanum*	81, 343
Stewartia koreana	78, 253, 341	*Zanthoxylum simulans*	257, 343

국명으로 찾아보기

ㄱ

가는잎나래새	125, 280, 342
가리아 엘립티카	201, 205, 332
가막살나무	270, 344
가울테리아 포에피기	103, 332
가침박달	141, 332
감태나무	132, 138, 287
개맥문동	157, 164, 292, 336
개맥문동 '긴류'	164, 336
개면마	273, 337
개벚지나무	81, 252, 339
개비자나무 '프로스트라타'	301, 329
개서어나무	81, 328
갯버들 '마운트 아소'	243, 319, 341
검은갯버들	319, 341
고산향나무 '블루 스타'	152, 229, 243, 298, 335
곰딸기	263, 340
구골나무 '고시키'	304, 338
구상나무	144, 148, 297, 325
구상나무 '실버로크'	155, 297, 325
구실잣밤나무 '안교 엘로'	309, 328
금백 '윈스턴 처칠'	155, 329
길마가지나무	37, 196, 317, 336
까마귀밥나무	270, 340
까치밥나무	270, 340
깽깽이풀	213, 335
꼬랑사초	18, 283, 328
꼬리진달래	308, 340

꽃댕강나무 '프랜시스 메이슨'	179, 325
꽃돌부채	59, 163, 290, 327
쫭쫭나무	177, 305, 334
쫭쫭나무 '골든 젬'	305, 334
꿩의비름 '허브스트프로이데'	117, 233, 271, 334

ㄴ

나도히초미	295, 338
나무수국 '라임라이트'	286, 333
나팔수선화	311, 337
낙상홍	102, 334
낚시귀리	284, 329
남천	102, 267, 337
납매	61, 195, 237, 315, 329
냉초	272, 342
너도바람꽃	60, 311, 331
네군도단풍 '윈터 라이트닝'	91, 261, 325
네리네	243, 314, 337
네팔서향 '자클린 포스틸'	317, 331
네팔억새	280, 337
노각나무	78, 253, 341
노랑너도바람꽃	189, 193, 311, 331
노랑말채나무 '카디날'	243, 259, 330
노랑말채나무 '켈시'	229, 243, 259, 330
노랑말채나무 '플라비라메아'	87, 93, 243, 259, 330
노루귀	211, 333
노루오줌	128, 273, 326

뇌성목	139, 287, 335
늦개야광나무	268, 330
늦은서리이끼	296, 340

ㄷ

다나이 라케모사	179, 331
다비디분꽃나무	176, 304, 342
단자산사나무 '플렉수오사'	233, 243, 248
단포르디아이붓꽃	59, 313, 335
단풍나무 '비호'	229, 243, 261, 325
단풍나무 '상고가쿠'	261, 325
단풍나무 '에디스버리'	233, 243, 325
단풍나무 '이보니시키'	255, 325
단풍매화헐떡이풀	165, 342
대상화 '파미나'	275, 326
덜꿩나무	270, 342
데이비드사피단풍	255, 325
독일가문비 '무크로나타'	243, 338
독일가문비 '프로쿰벤스'	329, 338
동강할미꽃	218, 328
동백나무	218, 328
동청괴불나무	307, 336
동청괴불나무 '바게센즈 골드'	178, 307, 336
동청붓꽃	236, 294, 334
두메부추	275, 326
둥근잎꽝꽝나무	178, 305, 334
디프사쿠스 풀로눔	117, 331
떡갈잎수국	286, 334

ㄹ

라미움 마쿨라툼 '화이트 낸시'	166, 335
러시안세이지 '리틀 스파이어'	271, 341
러시안세이지 '블루 스파이어'	271, 341
레우코토이 폰타네시아나	308, 335
레티쿨라타붓꽃	313, 334
로키향나무 '스카이로켓'	148, 335
루 '잭맨스 블루'	294, 340
루나리아 아누아	116, 273, 336
루스쿠스 아쿨레아투스	103, 238, 243, 268, 340
루이지아나쑥	274, 326
리장개야광나무	236, 242, 330

ㅁ

마르티니대극 '애스코트 레인보우'	167, 291, 332
마취목	176, 223, 303, 338
만년청	241, 243, 293, 340
만년청 '이치몬지'	240, 293, 340
만병초	56, 176, 340
매실나무	194, 197, 339
매실나무 '킨지시'	248, 339
매실나무 '토츄어스 드래곤'	229, 243, 248, 339
맥문동 '골드밴디드'	166, 336
메디아뿔남천 '윈터 선'	168, 205, 305, 337
모감주나무	72, 335
머로위사초 '바리에가타'	162, 227, 243, 288, 328
목련	317, 336
무고소나무 '윈터 골드'	300, 338
무늬빈카	294, 343
무스카리	314, 337
물박달나무	252, 327
물푸레나무	254, 332
미국낙상홍 '윈터 골드'	105, 265, 334
미국낙상홍 '윈터 레드'	265, 334

미국붉나무	157, 250, 340
미국수국	286, 334
미국초피나무	81, 343
미국풍나무 '골든 선'	229, 243, 262, 336
미르시니폴리아버들	260, 341
미선나무	318, 325
미크로필라세이지 '트리컬러'	296, 341
밀사초	164, 328
밀사초 '백록담'	289, 328
밀사초 '진도'	289, 328

ㅂ

바늘새풀 '오위담'	178, 328
바늘새풀 '칼 푀르스터'	121, 278, 328
반들애리조나쿠프레수스 '블루 아이스'	154, 301, 330
밥티시아	118, 275, 327
방울비짜루	276, 326
배롱나무	254, 335
배초향	119, 326
백당나무	38, 270, 342
백서향	37, 205, 243, 331
백송	256, 338
버지니아갯지치	323, 337
버지니아냉초	272, 336
벚나무 '엘레강스 미유키'	318, 339
베리스앵초	215, 323, 339
벽오동나무	254, 332
별목련	198, 317, 336
복분자딸기	95, 233, 243, 262, 340
복수초	208, 215, 322, 326
복자기	132, 253, 326
부용	141, 333

분홍미선나무	318, 325
불가리스앵초	210, 215, 323, 339
붉은말채나무 '미드윈터 파이어'	87, 229, 258, 330
붉은말채나무 '애니스 윈터 오렌지'	258, 330
붉은말채나무 '윈터 뷰티'	229, 243, 258, 330
붓꽃 '캐서린 호지킨'	189, 313, 334
브라키트리카새풀	278, 327
블루벨	314, 333
블루페스큐 '엘리야 블루'	163, 165, 289, 332
비짜루	276, 326
비텔리나휘버들 '옐버튼'	93, 229, 259, 340
빈카 '일루미네이션'	294, 343
뿔남천	205, 241, 305, 336

ㅅ

사람주나무	253, 337
사르코코카 콘퓨사	237, 316, 341
사철나무	306, 332
사초 '페더 폴스'	164, 328
산겨릅나무	80, 255, 325
산겨릅나무 '밸리 팬텀'	260, 326
산딸나무	81, 256, 329
산비장이	118, 341
산수국	140, 286, 334
산수유나무	242, 321, 329
산진달래 '미드윈터'	320, 340
삼나무 '글로보사 나나'	302, 330
삼나무 '요시노'	241, 330
삼지닥나무	240, 316, 331
삼지닥나무 '그란디플로라'	229, 243, 331
삼지닥나무 '레드 드레곤'	316, 331
생강나무	321, 336

서양주목 '아이시클'	155, 342
서양주목 '파스티기아타 아우레아'	154, 302, 342
서양회양목	177, 327
서양회양목 '엘레간티시마'	178, 327
서향	63, 317, 331
석산	295, 336
석창포 '오곤'	243, 292, 326
설강화	183, 188, 243, 310, 332
섬바디	164, 331
세르비아가문비 '펜둘라'	300, 338
솔새	284, 342
솜대	309, 338
송악	58, 306, 333
수선화	189, 193, 207, 311, 337
수선화 '떼따떼뜨'	311, 337
수크령 '하멜른'	282, 338
스코파리움쇠풀	281, 341
스키미아 야포니카	179, 267
스탠디쉬괴불나무	317, 336
스페시오사미역취	276, 341
시베리아눈측백	155, 298, 336
시클라멘수선화	311, 337
식나무 '크로토니폴리아'	305, 327
실라	237, 312, 341
실새풀	278, 327
실유카 '브라이트 에지'	241, 343
실유카 '컬러 가드'	306, 343
심포리카르포스 알부스	267, 342
심포리카르포스 오르비쿨라투스	267, 342

ㅇ

아네만델레 레소니아나	283, 326
아룸 이탈리쿰	162, 236, 290, 326
아스터	276, 326
아스파라거스	276, 326
아우레오카울리스 솜대	264 338
아이비 '글레이셔'	306, 333
아티초크	117, 331
알리움 '서머 뷰티'	275, 326
알타호랑가시나무 '레이디 밸러리'	175, 334
암대극	18, 164, 291, 332
애기동백	320, 328
애리조나쿠프레수스 '블루 아이스'	330
앵초	323, 339
에리카	171, 202, 319, 331
에린기움 알피눔	118, 272, 331
에린기움 플라눔	272, 331
엽란	295, 326
영춘화	205, 335
오리엔탈양귀비	117, 296, 338
오시마사초 '에버골드'	233, 288, 328
오시마사초 '에버라임'	238, 240, 288, 328
오시마사초 '에버릴로'	288, 328
오시마사초 '에베레스트'	288, 328
옥소니아눔제라늄 'A.T. 존슨'	166, 332
올괴불나무	317, 336
올분꽃나무 '던'	202, 316, 343
올분꽃나무 '찰스 러몬트'	195, 316, 342
완도술꽃나무	321, 341
완도호랑가시나무	266, 334
왕초피	257, 343
운남감초	277, 332
월계분꽃나무	204, 342
유럽개암나무 '콘토르타'	233, 243, 247, 330
유럽너도밤나무	135, 137, 141, 287, 332

유럽너도밤나무 '펜둘라'	249, 332
유럽할미꽃	324, 339
유럽호랑가시나무	103, 303, 304
유럽호랑가시나무 '아르젠테아 마르지나타'	179, 304
유카잎에린기움	117, 272, 332
육박나무	256, 326
은방울수선	310, 335
은사시나무	81, 252, 339
은청가문비나무	152, 298, 338
은청가문비나무 '호오프시'	149, 298, 338
은청대버들	260, 341
이나무	269, 334
이베리스 셈페르비렌스	324, 334
인테르메디아풍년화 '다이앤'	315, 333
인테르메디아풍년화 '바름슈테트 골드'	236, 315, 333
인테르메디아풍년화 '엘레나'	197, 236, 315, 333
인테르메디아풍년화 '팔리다'	315, 333
일본홍시닥나무 '에리트로클라둠'	81, 325

ㅈ

자작나무	78, 251, 327
자주천인국	272, 331
자크몽자작나무	81, 84, 251, 327
작살나무 '류코카르파'	268, 327
작은잎맥문아재비 '코쿠류'	95, 159, 293, 337
적피배롱나무	254, 335
좀목형	285, 342
좀사철나무 '에메랄드 게이어티'	306, 332
좀사철나무 '에메랄드 앤 골드'	306, 332
좀작살나무	268, 327

죽절초	269, 341
중국복자기	78, 81, 253, 325
중국붉은자작나무	251, 327
중국흰자작나무	79, 251, 327
중국흰자작나무 '볼링 그린'	251, 327
중의무릇	211, 332
진퍼리새	281, 337

ㅊ

참억새 '모닝 라이트'	279, 337
참억새 '야쿠시마 드와프'	280, 337
처녀치마	211, 333
처진감나무	249, 331
처진계수나무	70, 250, 329
청나래고사리	273, 337
춘추벚나무 '아우툼날리스'	229, 242, 318, 339
층꽃나무	274, 328

ㅋ

카라키아스대극	292, 332
카에룰레아진퍼리새 '무어헥세'	281, 337
칼라마그로스티스나래새	284, 341
칼미아	308, 335
케팔란투스 오키덴탈리스	286, 328
코니카가문비	300, 338
코니카사초 '스노우라인'	289, 328
코르다타피나무 '윈터 오렌지'	263, 342
코르크참나무	81, 340
코만스사초	58, 167, 328
코움시클라멘	189, 312, 331
콕버니아누스복분자딸기	262, 340

콕버니아누스복분자딸기 '골든베일'	97, 262, 340
콘스피쿠움단풍나무	255, 326
콘스피쿠움단풍나무 '피닉스'	255, 326
콜레티아 파라독사	178, 309, 329
콜치카아이비 '덴타타 바리에가타'	307, 333
콜치카아이비 '설퍼 하트'	307, 333
크로커스	187, 189, 312, 330
크루지아나튤립 '신시아'	313, 342
큰개기장 '노스윈드'	279, 338
큰개기장 '셰넌도어'	279, 338
큰꿩의밥 '아우레아'	159, 293, 336
큰별목련	243, 317, 336
큰앵초	323, 339
클레마티스	286, 329
클레마티스 키로사	320, 329
키오노독사	185, 188, 312, 329

ㅌ

타르다튤립	313, 342
태산목 '리틀 젬'	307, 336
태산목 '에디스 보그'	307, 336
탱자나무 '플라잉 드래곤'	247, 339
터키세이지	274, 338
털깃털이끼	296, 334
털새	282, 326
털쥐꼬리새	283, 337
통영볼레나무 '마쿨라타'	304, 331
통영볼레나무 '바리에가타'	304, 331
통조화 '루브리플로루스'	304, 331
투야 플리카타 '휘프코드'	321, 342
튤립 '리틀 프린세스'	342
티베트벚나무	77, 252, 339

ㅍ

파로티아 페르시카	65, 203, 330
파피라케우스수선화	311, 337
팔손이	194, 332
팥배나무	37, 269, 326
패러리분꽃나무	316, 342
퍼푸스인동 '윈터 뷰티'	317, 336
페키넨시스수양버들 '토츄오사'	249, 340
펜실베니아산거릅나무	255, 325
편백 '나나 루테아'	152, 299, 329
폴리안타앵초	323, 339
푸른산사나무 '윈터 킹'	266, 330
풀모나리아 루브라	215, 324, 339
풀모나리아 오피키날리스	324, 339
풍년화	194, 236, 315, 333
풍지초	233, 281, 333
피라칸사	270, 340

ㅎ

한라부추	275, 326
할레리할미꽃	324, 339
해변노간주	302, 335
향괴불나무	317, 336
향기별꽃 '위슬리 블루'	313, 334
헤데리폴리움시클라멘	162, 167, 291, 331
헤베	58, 169, 333
헬레보루스 니게르	322, 333
헬레보루스 아르구티폴리우스	290, 333
헬레보루스 오리엔탈리스	322, 333
헬레보루스 포이티두스	59, 290, 333
호랑가시나무	102, 175, 266

호랑버들	319, 340
홍룡버들	249, 341
홍자단	266, 340
화백 '블러바드'	152, 299, 329
화백 '스노우'	152, 329
황금실화백	153, 297, 329
황금회화나무	263, 341
황금흰말채나무	258, 329
황매화	264, 335
황매화 '킨칸'	264, 335
황화매화오리	285, 329
회양목	307, 327
회향	117, 332
후밀리스튤립	313, 342
후지벚나무 '코조-노-마이'	250, 339
흑자작나무	252, 327
흰말채나무 '시비리카'	229, 258, 329
흰말채나무 '엘레강티시마'	258, 329
흰말채나무 '케셀링기'	258, 329
흰버들 '골든 네스'	259, 340
히말라야벚나무	83, 339
히말라야자작나무	251, 327
히어리	203, 330
히에말리스동백나무	320, 328

참고 문헌

고정희 역, 《내 아버지의 정원에서 보낸 일곱 계절》(2013), 나무도시

고정희 역, 《일곱 계절의 정원으로 남은 사람》(2013), 나무도시

김봉찬, 《자연에서 배우는 정원》(2017), 도서출판 한숲

김용식, 《수피도감》(2017), 도서출판 한숲

김종근 외 6인, 《테마가 있는 정원식물》(2014), 도서출판 한숲

이경준, 《수목생리학》(2011), 서울대학교출판부

조양훈 외 2인, 《벼과 사초과 생태도감》(2016), 지오북

Bales S., 《The Garden in Winter: Plant for Beauty and Interest in the Quiet Season》(2008), Rodale Books

Bitner L.R., 《Gardening with Conifers》(2011), Timber Press

Darke R., 〈A Century of Grasses〉(1994), Arnoldia, 54, pp. 3-11

Darke R., 《The Encyclopedia of Grasses for Livable Landscapes》(2007), Timber Press

Foster C., 《Winter Gardens》(2021), Montgomery Press

Gerritsen H., Oudolf P., 《Dream Plants for the Natural Garden》(2000), Francis Lincoln

Hamilton. W.D., Brown S.P., 〈Autumn tree colours as a handicap signal〉(2001), Proceedings of the Royal Society of London B. Biological Science, 268, pp. 1489-1493

Oudolf P., 《Planting: A New Perspective》(2013), Timber Press

Pallardy S.G., 《Physiology of Woody Plants》(2007), Elsevier

Pollet C., 《Winter Gardens: Reinventing the Season》(2017), Francis Lincoln

Price E., 《The Winter Garden: Structure, Planting and Romance in the Garden in Winter》(1996), Salamander

Sterndale-Bennett J., 《The Winter Garden(Hillier Gardener's Guide)》(2006), OutHouse Publishing

Thomas G.S., 《Colour in the Winter Garden》(1957), Orion Books

Upson T., Kerley P., 〈The Winter Garden at Cambridge University Botanic Garden〉(2007), Sibbaldia, 5, pp. 155-164

국가생물종지식정보시스템 http://www.nature.go.kr

국가표준식물목록 http://www.nature.go.kr/kpni/SubIndex.do

미국미주리식물원 http://www.missouribotanicalgarden.org/plantfinder

영국왕립원예협회 https://www.rhs.org.uk

감사의 글

《겨울정원》이 세상에 나온 지 어느덧 여덟 해가 되었다. 그동안 이 책은 많은 분들의 사랑을 받았다. 특히 강의 요청을 자주 받았는데, 처음에는 횟수를 세어보다가 100회를 넘긴 뒤로는 더는 세지 않을 정도로 많은 자리에서 겨울정원에 대해 이야기할 기회를 얻었다. 정원이라는 한 분야에 깊이 천착한 책이기에 수만 부씩 팔리는 베스트셀러가 될 수는 없지만, 꾸준히 관심을 받고 오래 읽히는 책이 되었다는 사실만으로도 무척 기쁘고 감사한 마음이다.

개정판을 내며, 그동안 이 책을 아껴주시고 또 책을 통해 인연을 맺게 된 모든 분께 진심으로 감사의 마음을 전한다. 한 분 한 분께 이름을 적어 인사드리고 싶지만, 지면의 한계로 그러지 못함을 양해해주시기 바란다.

그럼에도 이 책의 내용을 만드는데 직접적으로 영향을 주신 몇몇 분께는 감사의 마음을 기록처럼 남기고 싶다. "항상 자연을 가까이하며 스스로 관찰하고 사색하는 시간을 통해 정원을 배워야 한다"는 가르침을 주시고, 부단히 깊어지는 모습을 몸소 보여주시는 더가든 김봉찬 대표님께 깊은 감사를 드린다. 정원 일의 처음과 기본을 배울 수 있었던 천리포수목원과 롱우드가든, 정원을 계속 더 아름답게 가꾸어 가시는 천리포수목원 김건호 원장님과 최창호 부원장님, 그리고 수목원 사람들에게도 감사드린다. 또한 대학원에서 숲과 나무에 대해 공부할 수 있는 값진 기회를 주셨던 서울대학교 산림과학부 김현석 교수님께도 감사드린다. 성격이 까탈스러운 필자의 부족한 글을 잘 매만져 아름다운 책을 만들어 주신 가지출판사 박희선 편집장님께도 마음 깊이 감사드린다.

무엇보다 《겨울정원》을 세상에서 가장 좋아해 주는 1호 팬이자 언제나 곁에서 응원하며 함께하는 나의 사랑하는 아내 최진경에게 고마움을 전한다. 책이 태어나던 해에 함께 세상에 온, 이 책과 나이가 같은 우리 딸 김다은 양에게, 그리고 다은이와 같은 미래 세대의 친구들에게도 이 마음을 전하고 싶다. 첫 책을 쓰던 날과 다름없는 마음으로, 이렇게 말해주고 싶다.

"아빠가 아름다운 것들을 많이 보여주고, 더 아름다운 세상을 꿈꿀 수 있도록 해줄게."

2025년 11월, 개정판을 내며
지은이 김장훈

겨울정원
겨울에 아름다운 정원이 사계절 아름답다

초판 1쇄 발행 2017년 12월 20일
    2쇄 발행 2020년 3월 15일
개정 1쇄 발행 2025년 11월 15일

지은이	김장훈
펴낸이	박희선
디자인	디자인 잔

발행처	도서출판 가지
등록번호	제25100-2013-000094호
주소	서울 서대문구 거북골로 154, 103-1001
전화	070-8959-1513
팩스	070-4332-1513
전자우편	kindsbook@naver.com
블로그	www.kindsbook.blog.me
인스타그램	www.instagram.com/kindsbook

김장훈 ⓒ 2017

ISBN   979-11-93810-08-8 (03520)

* 이 책은 저작권법에 따라 보호를 받는 저작물이므로 무단전재와 무단복제를 금합니다.

엽수와 상록활엽수로만 구성된 상록수 정원이었다가 시간이 지나면서 더 다양한 식물을 활용하는 방식으로 서서히 진화했다는 것이다.

1970~80년대 영국에서는 수목원이나 식물원 같은 대규모 공공 정원이 아닌 작은 개인 정원에서도 겨울에 감상하기 위한 정원을 따로 만들었다고 한다. 당시에 유행한 윈터가든은 다양한 관상용 상록침엽수와 에리카, 칼루나처럼 겨울에 꽃피는 진달래과의 상록성 소관목을 함께 심어 연출하는 형태였다. 아무래도 사계절 푸른 식물들로 정원을 많이 채우는 편이 계절의 황량함을 극복하기에 가장 손쉬운 방법이었을 것이다. 이렇게 꾸민 정원들은 꽤 오랫동안 인기를 끌었다.

변하는 것과 변하지 않는 것

그러나 상록수로만 정원을 연출하면 단점이 있다. 상록수들은 대부분 형태가 고정적이어서 다분히 정적인 느낌이 나고, 무엇보다 겨울에는 아름다울지 모르지만 계절이 바뀌어도 큰 변화가 없어 단조롭다. 그런 단점을 보완하기 위해 윈터가든의 경향이 바뀌었다. 다양한 낙엽수와 숙근초, 구근 같이 계절에 따라 모습이 달라지는 식물들을 적극적으로 함께 사용하기 시작한다. 정원을 연출할 때 알록달록한 색상 외에도 식물의 형태, 질감, 계절감 등 여러 요소를 고려하자 더

침엽수와 에리카 등 상록수 중심으로 조성한 윈터가든. 이런 정원 양식은 영국에 윈터가든이 등장했던 초기에 선풍적인 인기를 끌었으나 이후 계절감이 느껴지는 다양한 식물을 함께 심는 형식으로 경향이 바뀌었다.

욱 다채로운 구성이 가능해졌다. 계절의 변화에 따라 자연스레 정원의 모습이 달라졌고, 결과적으로 겨울만이 아니라 다른 계절에도 아름다운 오늘날의 윈터가든으로 발전했다.

　상록수의 한결같은 모습은 역설적으로 변하는 것의 아름다움에 관해서도 생각하게 한다. 정원에 변화가 있다는 것은 참 좋은 일이다. 훌륭한 정원은 갈 때마다 다른 모습을 보여준다. 매월, 매주, 심지어 매일 찾아가도 조금씩 달라 보인다. 시간의 흐름에 따른 자연의 변화가 오롯이 느껴지는 정원이야말로 잘 만든 정원이고 그 변화가 궁금해서 또 가고 싶어진다. 그런 면에서 상록수는 변화하는 아름다움과는 거리가 있는 식물이다. 반면에 상록수에게는 변하지 않는 아름다움이 있고, 어려운 상황에서도 꿋꿋하게 견디는 미덕을 배울 수 있다.

　영국의 윈터가든들처럼 계절마다 아름다운 경관을 보여주는 정원을 만들려면 상록수와 낙엽수를 적절히 함께 심어야 한다. 변하는 것과 변하지 않는 것이 함께한 모습이야말로 자연스럽고 편안한 풍경이 아닐까? 무엇이든 어느 한쪽으로 치우치지 않고 조화로울 때 가장 아름다운 법이다.

상록성 덩굴식물인 백화등이 붉은 벽면을
채운 모습이 고풍스럽다.

정원에
상록활엽수 활용하기

상록활엽수는 푸른 잎으로 겨울을 나는 잎이 넓은 나무 종류를 말한다. 상록수라고 하면 흔히 소나무나 잣나무같이 잎이 가늘고 뾰족한 침엽수가 먼저 떠오르는데, 평평하고 넓은 잎을 가진 활엽수 중에서도 낙엽이 지지 않는 종류가 있다. 우리나라에서는 남해안이나 섬 지방, 제주도 등지의 난대림에서 많이 볼 수 있다.

난대는 온대와 열대 사이의 전이지대를 말하는데 상록활엽수가 많아 '상록활엽수대'라고도 부른다. 보통은 참가시나무, 종가시나무 등의 상록성 참나무 종류와 후박나무, 참식나무, 새덕이 등의 녹나무 종류처럼 키가 큰 상록활엽수들이 숲의 골격을 이룬다. 그 아래로 중간 키나 작은 키의 상록활엽수가 공간을 차지해 자라는데 이들 중에 좋은 정원식물이 많다. 잎 가장자리의 거친 톱니가 호랑이 발톱을 닮은 호랑가시나무, 햇빛을 잘 반사하려고 번들거리는 잎이 매력적인 동백나무, 동글동글하게 얼룩진 노란 무늬가 개성적인 식나무, 커다란 손바닥을 펴놓은 듯 여덟 갈래로 갈라진 팔손이 등…. 모두 대표적인 정원식물인데 중부지방에서 기르려면 겨울에는 온실이나 실내에 두어야 한다. 그래서 식물과 관련된 일을 하는 사람들은 '식물을 기르려면 따뜻한 남쪽 동네로 가야 한다'는 말을 농담처럼 한다. 아닌 게 아니라 중부지방에서보다 훨씬 다양한 식물을 기를 수 있는 남해안과 제주도에서라면

호랑가시나무는 수형이 멋지고 열매도 예뻐서 상록활엽수의 대명사로 알려져 있다. 사진은 알타호랑가시나무 '레이디 밸러리'.

그만큼 풍성하고 다채로운 겨울정원을 가꿀 수 있을 것이다.

중부지방에도 상록으로 겨울을 나는 활엽수들이 있기는 하다. 아담하고 조형미가 뛰어난 수형과 포도송이처럼 늘어진 꽃눈을 가진 마취목, 두툼한 가죽질에 광택이 나는 짙은 녹색 잎을 가진 만병초 같은 진달래과 식물들은 추위에 꽤나 강하다. 또 다비디분꽃나무 같은 상록 분꽃나무의 잎도 아름답고, 꽝꽝나무나 식나무 등은 난대성 상록활엽수지만 차고 건조한 겨울바람을 피할 수 있으면 중부지방에서도 월동이 가능하다.

우리나라에서 울타리나무로 많이 심는 회양목은 상록활엽수지만 잎이 누렇게 바랜 상태로 겨울을 나 아쉬움이 있다. 반면에 꽝꽝나무(위)나 서양회양목(아래)은 겨울에도 푸른 색상을 그대로 유지해 회양목 대체식물로 활용할 만하다.

다양한 모양의 상록활엽수 잎

둥근잎꽝꽝나무

콜레티아 파라독사

서양회양목 '엘레간티시마'

동청괴불나무 '바게센즈 골드'

스키미아 야포니카

다나이 라케모사

유럽호랑가시나무 '아르젠테아 마르지나타'

꽃댕강나무 '프랜시스 메이슨'

제 5 부

봄이 오는 소리를 듣다

겨울에 꽃피는 구근

\ 겨울과 봄 사이를 잇는
  정원의 마법사

겨울과 봄 사이,
   가드닝이 필요한 시간

일 년 중 정원사들이 가장 설레는 때가 언제냐고 묻는다면 조심스레 초봄이라고 답하곤 한다. 사시사철 식물을 애정 어린 눈으로 바라보는 사람들이기에 단번에 대답하기 쉬운 질문은 아니지만 초봄의 정원에서 일어나는 일은 어느 하나 신기하지 않은 게 없다.

천리포수목원에서 일할 때의 일이다. 매년 2월 둘째 주 정도가 되면 설강화가 피어난다. 그 순백의 모습은 다소곳이 두 손을 모아 고개를 숙이고 기도하는 수녀님의 뒷모습을 닮았다. 설강화 새순이 올라온 것을 본 정원사 한 명이 그 소식을 전하면 꽃이 곧 피겠다는 생각에 정원사들 모두가 설레어 한다. 그리곤 하루에도 몇 번씩 설강화를 보러 왔다 갔다 한다. 마침내 설강화 꽃이 피어나면 사진을 잘 찍어보겠다고 몸을 꽃 높이만큼 낮추고서 각도를 재고 따져보며 가까스로 카

2월 둘째 주 정도면 꽃을 볼 수 있는 설강화.

겨울정원을 온통 푸른빛으로 뒤덮은 키오노독사.

메라에 담는다. 긴 겨울 끝에 피어난 꽃 한 송이가 얼마나 우리를 기쁨에 들뜨게 하는지! 정원사에게 초봄이란 그토록 가슴 떨리는 시간이다.

하지만 자연이 아닌 정원의 초봄은 그냥 오지 않는다. 안타깝게도 우리에게는 초봄의 정원에서 그토록 설레었던 기억이 많지 않다. 자연이 선사하는 그 짧은 축복의 시간을 깊이 음미할 수 있도록 정원을 가꾸지 못했던 탓이다. 초봄이라 하면 2월에서 3월 사이, 겨울에서 봄으로 넘어가는 시간을 말한다. 2월은 날씨로는 아직 겨울의 한가운데에 있는 듯하지만 절기상 이미 봄이 온다는 입춘이다. 절기라는 것이 무척 놀라워서, 풍경은 겨울 그대로일지라도 입춘이 지나는 순간에 자연은 이미 봄에 예속된다. 얼었던 물이 녹아 흐르고 땅거죽은 포슬포슬해진다. 나무는 뿌리부터 깨어나 가지 끝으로 기운을 올려주고 겨울눈들이 통통해진다. 늦은 겨울과 봄 사이에 일어나는 이 설레는 변화를 정원에 잘 담아내지 못한다면 그저 긴 겨울의 연속처럼 보일 것이다. 정원에서 2월과 3월 사이를 잘 살려주는 가드닝이 중요한 이유는 그것이 긴 겨울을 짧게 만들고 봄을 일찍 불러오는 일이기 때문이다.

정원에 봄을 불러오는 구근

봄을 일찍 불러오는 가드닝의 방법으로 구근을 심어볼

이른 봄 양지바른 언덕에 피어난 크로커스.

것을 권한다. 구근은 뿌리가 양파처럼 생긴 알뿌리식물을 말하는데 익숙한 종류로는 수선화와 튤립이 있다. 튤립을 비롯해 많은 구근들이 중앙아시아와 지중해 등지에서 왔다. 중앙아시아의 유목민들에게 원종 튤립은 험난하고 매서운 겨울을 이기고 피어난 첫 번째 꽃이었다고 한다. 늦겨울에 사방을 뒤덮은 눈 속에서도 굳건히 자라나 이윽고 봄이 왔다는 것을 알리는 전령사이자 생명과 희망의 상징이었다.

　봄에 꽃피는 구근으로는 설강화, 키오노독사, 실라, 노랑너도바람꽃 등 비교적 덜 알려진 것도 있다. 이름은 생소할 수 있지만 이미 정원식물로 우리나라에서도 많이 심고 있다. 튤립이나 수선화처럼 흔히 보아왔던 구근들이 주로 봄이 한창인 4월에 큰 꽃을 피운다면, 이른 봄에 꽃피는 구근은 대부분 작고 꽃도 앙증맞다. 이 구근들을 잘 활용하면 정원 구석구석을 이른 봄의 설렘으로 채울 수 있다.

　미국 펜실베이니아에 있는 윈터터정원(Winterthur Garden)의 테마정원 '3월의 언덕(March Bank)'에는, 넓은 우드랜드 한편을 이른 봄에 꽃피는 작은 구근들 중심으로 채운 근사한 봄 산책로가 있다. 초봄에 그 꽃길을 따라 걸으며 느낀 감동이 아직도 생생하다. 잎이 나지 않은 나무들과 차가운 공기로 보면 아직 겨울인데 설강화, 노랑너도바람꽃을 시작으로 크로커스, 수선화, 키오노독사 등이 군락을 이루며 지천에서 꽃을 피워 3월 한 달간 구근 축제라도 벌이는 듯하다. '3월의 언덕'이라는 이름이 무색하지 않을 정도다.

　어디 윈터터정원뿐일까. 많은 외국 정원들의 이른 봄 풍경은 항상 구근과 함께 펼쳐진다. 봄의 상징인 노란 수선화를 푸른 잔디밭 위로 흐드러지게 피어나도록 심거나 앙증맞은 크로커스로 낡은 정원 모퉁이를 상큼하게 장식하기도 하며 히아신스와 무스카리로 화분을 가득 채워 봄 향기를 풀어놓기도 한다.

이른 봄에 꽃피는 구근들

크로커스 종류

코움시클라멘

노랑너도바람꽃

수선화

붓꽃 '캐서린 호지킨'

미국 윈터정원의 테마정원인 '3월의 언덕'에 봄이 오는 풍경. 이른 봄에 꽃피는 작은 구근들을 중심으로 채운 봄 산책로에서 매년 3월이면 작은 봄꽃들의 축제가 펼쳐진다.

기다려야 누릴 수 있는 아름다움

　그렇다면 구근은 언제 심어야 할까? 이른 봄에 꽃피는 구근들은 대부분 늦은 가을에 미리 심어둬야 한다. 구근을 심고 한참 동안은 정원에 아무런 변화가 없다. 심으면 이내 그 존재감을 드러내는 다른 정원식물에 비해 구근은 당장은 볼 수 없지만 큰 아름다움을 품고 자라는 기다림의 식물이라 하겠다.

　늦가을에 날씨가 추워지기 시작하면 살짝 얼어가는 땅을 기다란 구근용 손 삽으로 판 뒤 알뿌리를 깊게 묻어준다. 알뿌리 크기를 고려해서 큰 것은 더 깊게 파묻어야 하며, 흙을 충분히 덮어가며 하나씩 정성 들여 심어야 추위에 얼지 않는다. 사실 구근을 처음 심노라면 '이 작은 알뿌리에서 정말 봄꽃이 피어날까?' 하고 의심이 간다. 심고 나서 한동안은 땅속의 안부가 궁금해 기웃거리기도 한다. 한데 석 달 넘는 긴 겨울을 지내다 보면 깊숙이 심어둔 구근의 존재를 서서히 잊어가고, 그러다 까마득히 잊고 있던 땅에서 어느 날 불쑥 꽃이 솟아오른다. 이때는 정말 말로 다 못할 진한 감동을 받게 되는데, 그래서 구근을 두고 '정원사의 비밀무기'라 부르는지도 모르겠다. 겨우내 땅속에 숨어있다가 잊을 만하면 마법처럼 '짠' 하고 나타나 꽃을 틔우니 말이다.

　아직까지 우리나라에서 이른 봄에 꽃피는 구근을 잘 활용한 정원을 별로 보지 못했다. 아마도 꽃을 틔우기까지 깊숙

흰말채나무 덤불 속에서 수선화와 노랑너도바람꽃이 깨어났다. 나무에 잎이 돋기 전인 이른 봄에 피어나서 초여름이면 여름잠에 들어가는 구근들은 나무 덤불 아래서도 충분히 살 수 있다.

이 묻어두는 기다림의 시간 때문이 아닐까 짐작해 본다. 당장 눈에 띄지 않고 수개월 뒤에나 확인할 수 있는 불확실한 아름다움을 위해 정원의 한편을 내어주는 게 쉬운 일은 아니다. 하지만 가드닝의 깊은 맛은 그런 기다림에서 온다. 작은 나무를 심으며 수년 후 크게 자란 모습을 상상하는 것, 가을에 심는 구근으로 봄 정원이 얼마나 아름다워질지를 그려보는 것. 그런 상상을 할 때가 정원사는 가장 행복하다.

겨울에 꽃피는 나무

\ 추울수록 더욱 진한
향기를 품는다

겨울에 꽃피는 나무는
왜 향기로운가

'매화는 날이 추울수록 더 진한 향기를 품는다'는 말이 있다. 실제로 겨울날 차가운 공기에 실려 온 매화 향기는 유난히 더 선명하고 그윽한 여운을 남긴다. 매실나무를 두고 옛 어르신들은 매일생한 불매향(梅一生寒 不賣香), 즉 '매화는 일생을 추운 밖에서 자라며 겨울을 나고 이른 봄에 꽃을 피우지만 그렇다고 해서 결코 향을 팔지 않는다'고 했다. 선비가 지녀야 할 인내와 절개를 매화에 빗댄 말이다. 추운 겨울이 다 끝나갈 때쯤 꽃 틔우는 인내와 절개가 있어 매화 향기가 더 진하고 아름다운 걸까?

비단 매화만이 아니다. 겨울에 꽃피는 나무 중에는 유난히 꽃향기가 진한 것들이 있다. 노랗고 빨간 색종이를 잘라 묶어놓은 듯한 풍년화가 그렇다. 연초에 피어나는 꽃이 얼마나 풍성한지를 두고 그해 풍·흉년을 가늠했다고 해서 이름

왼쪽부터 납매와 올분꽃나무 '찰스 러몬트'.
겨울과 봄 사이에 꽃을 피워
아주 좋은 향기를 퍼뜨리는 나무들이다.

이 풍년화가 된 이 나무의 꽃에서는 은은한 향기가 난다. 매화보다 더 일찍 동짓달에 피는 매화라고 해서 이름도 동짓달 납(臘), 매실나무 매(梅)를 쓰는 납매는 밀랍으로 만든 듯 여려 보이는 꽃을 피우지만 향기는 얼마나 진한지 모른다. 올괴불나무와 길마가지나무 같은 인동과 나무들도 이른 봄에 앙증맞은 꽃을 피워내는데 그 향기가 참 달콤하다.

　겨울에 꽃피는 나무들이 특히 향기로운 것은 사실 꽃가루를 매개할 곤충을 불러 모으기 위해서다. 벌, 나비 등 꽃가루 매개자가 부족한 겨울에 열매를 맺고 후손을 남기려면 지금 꽃이 피었다는 소식을 어떻게 해서든 널리 알려야 한다. 그래서 더 진한 향기를 품게 되었고 실제로 그 향기가 매우 멀리까지 퍼진다. 겨울에 꽃피는 나무들은 단순히 향기만 짙은 것이 아니라 꽃피는 기간도 일반적으로 더 길다. 같은 인동과 꽃이라 해도 따뜻한 계절에 피는 꽃의 개화 기간이 한두 주 간다면 겨울 꽃은 한 달 이상 피어있다. 심지어 납매의 경우는 겨울 내내 꽃이 피고 지고 한다. 더 오랫동안 피어서 결실을 볼 가능성을 높이려는 것이리라.

　그런 점을 생각하면 겨울에 꽃피는 나무들의 향기가 마냥 달콤하게만 느껴지지 않는다. 혹독한 계절에도 살아남기 위한 눈물겨운 노력이 배어있기 때문이다. 그 향기가 쉬이 잊히지 않았던 이유도 그런 강인한 생명력을 품고 있기 때문인지 모른다.

강한 생명력으로 겨울에도 꽃을 피워 인내와 절개의 상징으로 여겨지는 매화.

이른 봄 풍성하게 피어난 꽃으로 그해의 풍흉을 가늠했다는 풍년화.
(사진은 인테르메디아풍년화 '엘레나')

별목련. 가장 일찍 꽃피는 목련 중 하나로 별 모양을 닮은 꽃과 아담한 수형이 아름답다.

겨울정원에 향기를 더하는 법

겨울날 향기가 진한 꽃을 피우는 나무들을 활용하면 정원을 매우 향기롭게 만들 수 있다. 방법은 간단하다. 산책로 가까이에 향기가 강한 나무들을 심으면 된다. 될 수 있으면 산책로 폭이 좁아지는 구간이나, 나무나 구조물 등으로 둘러싸여 향기가 쉽게 날아가지 않을 만한 곳에 심으면 효과를 더 높일 수 있다. 각각의 나무가 가진 조형적인 특징을 고려해 주변 경관과 잘 어울리게 심어야 함은 물론이다.

좋은 향기는 그 정원을 오래도록 기억하게 하는 요소이다. 우리는 정원을 눈으로만 즐기는 것이 아니라 오감으로 느낀다. 때로는 나뭇잎이 바스락거리는 소리나 풀숲에 살갗이 스치던 촉감으로 정원을 기억하기도 한다. 영국 세빌정원의 좁다란 겨울 산책로를 걸으면 네팔서향의 향기가 확 풍긴다. 누구든 '와, 이게 무슨 향기지?'라는 생각과 함께 얕은 탄성을 내지르지 않을 수 없다. 내 기억 속의 천리포수목원도 12월 말부터 꽃피는 그윽한 납매 향기로 남아있다. 아마도 그 시기에 천리포수목원을 방문해 본 사람이라면 누구나 공감할 것이다.

물론 겨울에 꽃피는 나무들이 모두 향기로운 것은 아니다. 하지만 향기가 없다 하더라도 꽃 자체가 드문 계절이라 몇 그루 되지 않는 꽃나무라도 겨울정원에서는 존재감이 크다. 봄이 아닌 가을부터 꽃을 피우기 시작해 겨울날까지 계속

가리아 엘립티카.
북미 서남부가 고향인
가리아과의 상록성 작은 키나무다.
겨울에 길게 늘어지며
피는 꽃차례가 레이스 장식처럼
우아하다.

벚꽃을 보여주는 춘추벚나무는 겨울정원에 로맨틱한 분홍빛을 더한다. 뿔처럼 날카로운 톱니에 광택이 나는 가죽질 잎이 인상적인 뿔남천은 겨울이 시작될 무렵부터 노란색 꽃을 피우는데 짙은 녹색 잎과 대비되어 아름답다. 또 '유럽의 진달래'라고 불리는 에리카는 진달래과 식물 특유의 앙증맞은 종 모양 꽃이 피는 작은키나무로, 몇 그루씩 모아 심으면 볼륨감이 더해져서 더 좋다.

겨울에 만날 수 있는 나무꽃들

올분꽃나무 '던'

파로티아 페르시카

히어리

애기동백 종류

월계분꽃나무

가리아 엘립티카

메디아뿔남천

백서향

영춘화

겨울 풀꽃

\ 정원의 봄은
어디로부터 올까

땅에서 시작되는 봄

초봄 어느 날 정원을 산책하다가 '봄은 어디로부터 오는 거지?' 하고 생각한 적이 있다. 3월 첫째 주 아침이었고 정원 풍경은 여전히 황량했지만 눈길이 닿는 구석구석에서 분명 봄이 오고 있다는 것이 느껴졌다. 그날 저녁, 정원에서의 분주한 하루를 마치고 집에 돌아와 글을 끄적이다가 '정원의 봄은 땅으로부터 온다.'라고 썼던 기억이 난다.

물론 볼을 스치는 바람에 묻어나던 온기나 새싹을 틔우기 위해 통통하게 물오른 나뭇가지 등 정원 곳곳에서 봄기운을 느낄 수 있었다. 하지만 땅으로부터 봄이 시작된다고 단정한 것은 수선화의 새순 때문이었다. 언 땅이 녹아 포슬포슬하게 갈라진 틈새로 쫑긋 솟아오른 수선화의 녹색 새순을 본 것이다. 이는 흡사 초록색 안테나 같았는데, 정말 봄이 오고 있는 게 맞는지 궁금해진 수선화가 땅 위로 빠끔히 촉수를 올린 듯한 모양새였다.

수선화 새순.
봄을 감지하기 위해
빠끔히 세워 올린
초록색 안테나다.

봄의 전령사라 불리는 복수초가 숲 바닥에 피어난 모습. 숲과 정원의 봄은 이렇게 땅으로부터 온다.

어디 수선화 같은 구근의 새싹뿐일까. 땅에 낮게 붙어서 피는 작은 풀꽃들도 진즉에 활동을 시작했다. 눈 속에서도 싹 트는 강인한 생명력 때문에 장수 기원의 의미를 지닌 복수초의 노란 꽃도 벌써 피어나 해바라기를 하고 있었다. 여리고 고운 모습이 꼭 봄 마실 나온 양반집 규수와 같아 보이는 불가리스앵초의 앙증맞은 꽃은 아직 매서운 새벽 추위에 잘 견딜 수 있을지 걱정될 정도였다. 호호백발로 등이 굽은 모습의 할미꽃도 암석정원 돌 틈새에 피었는데, 그래도 그 꽃들은 털옷을 두툼히 입고 있어서 큰 걱정은 안 됐다. 나무들도 봄을 맞았다. 2월 중순까지는 나뭇가지에 새잎이 돋지 않아 겨울잠에 든 것처럼 보이지만 땅속 뿌리들이 진즉에 깨어나 물을 가지 끝으로 힘차게 길어 올리고 있었다. 그러므로 봄은 겨우내 언 땅이 녹기 시작할 즈음, 대지로부터 가장 먼저 시작되는 것이 맞다. 정원의 봄은 허리를 낮출 줄 아는 사람에게 제일 먼저 보인다.

초봄은
    풀꽃들의 시간이다

몇 해 전 3월에 제주도의 한 오름에 있는 숲을 찾아갔다. 멀리서 바라본 이 숲은 온통 갈색 먹으로 그린 수묵화 같아 보였다. 그런데 속으로 천천히 걸어 들어가 보니 숲은 이미 초록으로 바림질한 수채화였다. 바닥에는 새순들이 돋아

숲 바닥에서 만나는 이른 봄꽃들

노루귀

중의무릇

처녀치마

동강할미꽃

나고 복수초가 곳곳에 피어 생기를 뿜어냈다. 꽃 생김새와 연한 홍자색 때문에 신비로워 보이는 현호색, 앙증맞은 발톱 모양의 개구리발톱, 중의무릇, 노루귀, 꿩의바람꽃 등등 아주 작고 귀여운 봄꽃들이 숲 바닥을 풍성하게 채우고 있었다. 새삼 겨울 숲의 바닥은 본래 풍성하고 아름다웠다는 생각이 들어 무릎을 쳤다.

어떤 생태학자는 이맘때 숲의 모습을 '기회의 창'이라고 했다. 아직 나무들에 잎이 돋지 않아 숲의 지붕이 열려있고 그 사이로 걸러져 내린 빛이 숲 바닥에 깔린 작은 식물들에게 적당히 밝은 광도로 비친다. 이 시기를 지나면 무성한 나뭇잎에 가려 숲 바닥까지 충분한 빛이 닿지 않는다. 서둘러야 한다는 것을 알고 있는 작은 풀꽃들이 용케도 '기회는 이때다!' 하며 우르르 고개를 내민다. 그래서 초봄은 작은 풀꽃들을 위한 시간이다.

외국의 정원들에서는 이른 봄소식과도 같은 이런 풀꽃들을 활용해 초봄의 볼거리를 꾸민다. 그 짧은 초봄만을 위해 조성된 정원을 보면서 정원사들이 꼼꼼하고 부지런하게 잘도 가꾸었구나 감탄하곤 했다. 칼 푀르스터의 딸이자 역시 정원 디자이너였던 마리안네 푀르스터(Marianne Foerster)는 '2월 말부터 4월 말까지의 초봄을 존중할 줄 모르는 사람들은 봄을 즐길 자격이 없다'고 말했다. 사실 이 시기의 봄이란 낮은 데서 꿈틀꿈틀 피어난 작은 제비꽃 같아서 눈에 확 띄지도, 그다지 화려하지도 않다. 그래서 정신을 바짝 차리고

깽깽이풀

관찰하지 않으면 그냥 후루룩 지나쳐버리게 된다. 한두 개 보이던 새순과 꽃송이들은 3월을 지나며 양도 많아지고 그 종류도 더욱 다양해진다. 새잎과 꽃들이 앞다투어 피어나는 통에 정신은 없고 몸은 무척 바빠질 그즈음, 정원사들은 생각한다. '아, 다시 봄이구나!' 하고.

초봄, 정원에 심기 좋은 풀꽃들

헬레보루스 종류

풀모나리아 루브라

불가리스앵초

헬레보루스 종류

베리스앵초

복수초

제 6 부

한국형 겨울정원을 꿈꾸며

천리포수목원 윈터가든에 가다

천리포수목원의 겨울은 푸르고 촉촉한 여운이 오래 남는다. 서해에 인접해 해양성 기후의 영향을 크게 받는 곳이라 겨울 기온이 중부 내륙 지역보다 비교적 온화하다. 여름 날씨는 내륙보다 선선하고, 겨울에는 추위가 오더라도 그 기간이 짧은 편이라 동백나무, 호랑가시나무 같은 상록성 식물과 겨울에 꽃과 열매를 볼 수 있는 다양한 식물이 자라기에 유리하다. 난대성에서 아한대성까지 폭넓은 식물군이 살아가는 천리포수목원만의 풍경은 바로 이런 기후 조건 덕분에 가능했다.

더욱이 식물이 지닌 겨울 모습에 대한 이해도가 높은 숙련된 정원사들이 정원을 관리하고 있다는 점도 크나큰 강점이다. 정원에 같은 식물을 심었더라도 겨울철 관람을 고려한 형태로 평소 세심히 돌봐주지 않으면 경관 요소로서 제 기능을 하기 어렵다. 특히 겨울에는 많은 식물이 갈색으로 마르거나 잎을 떨어뜨리는 등 빈약한 상태로 있기 때문에 그 아름다움이 저절로 드러나지는 않는다. 겨울날 식물이 가진

천리포수목원의 겨울 색감.

잠재적인 아름다움을 최대한 끌어올리는 것은, 무엇보다 숙련된 정원사들의 정성스러운 손길이 있을 때만 가능한 일이다.

이런 조건들이 어우러져, 천리포수목원은 겨울에 같은 위도의 중부지역 정원들에 비해 훨씬 푸르고 다채로우며 정갈한 인상을 준다. 정원 전체가 겨울정원의 역할을 톡톡히 하며, 방문객에게 '겨울에도 생생하게 살아있는' 싱그러운 풍경을 선사한다. 여기에 더해, 천리포수목원에는 특별히 주목할 만한 공간이 하나 더 있는데, 정원 한 편에 조성된 주제정원 '윈터가든'이 그것이다. 규모는 약 350평으로 그리 크진 않지만, 우리나라에서 공식적으로 조성된 최초의 겨울 주제정원이라는 점에서 의미가 있는 장소이다.

국내에 공식 조성된
첫 겨울 주제정원

천리포수목원 윈터가든은 수목원 조성 초기에 씨앗을 파종하던 '씨앗밭' 부지에서 처음 시작되었다. 2000년대 초반부터 정원사들이 겨울용 식물 소재를 이곳에 집중해 수집하다가 2002년 공식적으로 정원을 조성한다. 당시 영국의 세빌가든, 힐리어가든 등 유수의 정원들에서 윈터가든을 만들던 유행에 영향을 받아 국내에서 최초로 시도한 윈터가든이라 할 수 있다.

하지만 조성 부지의 토양이 척박해 애써 심은 식물들의

생육 상태가 전반적으로 불량한 채로 오래 있다가 국내 정원 애호가들 사이에서 겨울정원에 대한 관심이 높아지던 2018년에 리모델링을 한다. 크게 자라 정원에 골격이 된 나무를 빼고는 모든 식물을 굴취해 토양을 개량한 다음, 기존의 수집 식물과 새로 도입한 종들을 활용해 정원을 새롭게 디자인했다. 이 과정에서 총 200종 이상의 식물이 식재되어 완전히 새로운 겨울정원이 되었다.

재조성 후 천천히 자리를 잡아간 윈터가든은, 약 3년이 흐른 후부터 설계 당시 의도한 모습을 드러내기 시작했다. 비록 규모는 작지만 개성 있는 식물들이 다채롭게 어우러지고, 특히 색감 조화가 뛰어나다는 점에서 영국의 윈터가든들을 연상시키는 분위기다. 아쉬운 점도 없진 않지만, 국내에서 윈터가든 연출에 대해 배우기에 좋은 예시 정원이 하나 생긴 것은 분명하다.

다섯 개의 장면으로 이루어진 공간 구성

정원은 단순히 식물들의 집합체가 아니라 그 자체로 하나의 이야기이다. 정원 속 공간의 흐름과 변화를 통해 그 이야기를 방문자가 감각적으로 경험하고 이해할 수 있어야 한다. 그래야 정원이 단순한 경관이 아닌, 감동과 의미를 전달하는 공간으로 승화될 수 있다. 겨울정원도 마찬가지다.

윈터가든 리모델링 평면도(천리포수목원 제공)

　　천리포수목원 윈터가든은 크게 5개 공간으로 나누어 볼 수 있다. 첫 번째는 상록수로만 이루어져 겨울에도 진한 초록빛을 발하는 울타리 구역이다. 두 번째는 말채나무, 버드나무 등 겨울에 어린가지 색이 유독 아름다운 나무를 군락으로 심어 수피의 색감을 강조한 구역이고, 세 번째는 겨울에 꽃피는 식물과 수형이 돋보이는 나무, 식물의 마른 모습이 만들어 내는 조형미 등 겨울만의 특별한 경관 요소를 집중해 전시한 구역이다. 그리고 네 번째 구역에서는 늘 푸른 잎을 매단 상록성 식물과 겨울 열매들이 돋보이는 경관을 만들어 낸다. 마지막으로, 정원 한 편에 나무들을 배경처럼 시원하게 심어놓

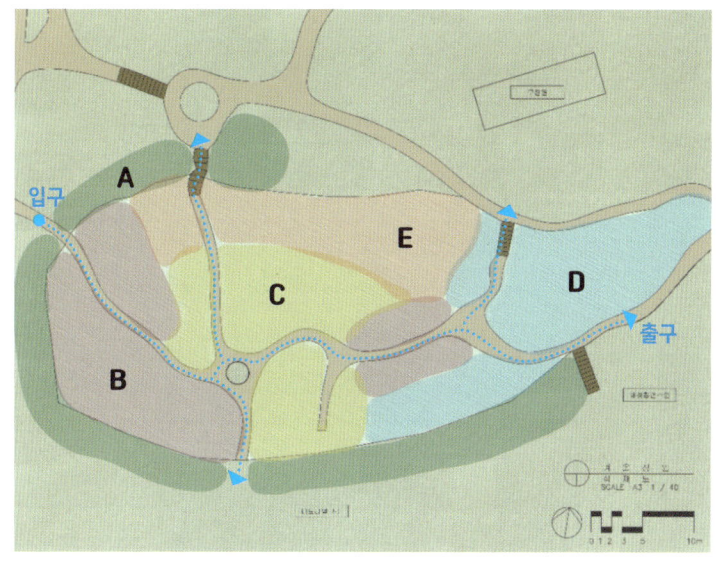

감상 포인트
A 짙은 초록 입구와 울타리
B 어린가지 수피의 색감
C 겨울에 꽃피는 식물, 수형이 멋진 나무, 식물의 마른 모습
D 상록성 식물과 겨울 열매
E 서있는 것만으로 존재감 있는 겨울나무

은 구역이 있다. 이런 공간 배치를 따라 정원을 천천히 거닐고 나면, 정원사가 의도한 다섯 가지 인상적인 장면이 자연스레 기억에 남을 것이다.

장면 1: 짙은 초록의 입구와 울타리

천리포수목원 윈터가든의 입구는 영산홍, 마취목, 다양한 침엽수를 포함한 상록성 관목이 빽빽하게 둘러 서서 '초록의 벽'을 치고 있다. 이 울타리는 단순한 경계가 아니라 정